邮票百科科普馆

花卉植物

谢宇 主编

天津出版传媒集团
天津科技翻译出版有限公司

图书在版编目（CIP）数据

邮票百科科普馆：花卉植物/谢宇主编. —天津：天津科技翻译出版有限公司，2012.1（2021.6重印）

ISBN 978-7-5433-2978-2

Ⅰ. ①邮… Ⅱ. ①谢… Ⅲ. ①邮票－中国—通俗读物 Ⅳ. ①G894.1-49

中国版本图书馆CIP数据核字(2012)第000605号

邮票百科科普馆：花卉植物

出　　版：天津科技翻译出版有限公司
出 版 人：刘子媛
地　　址：天津市南开区白堤路244号
邮　　编：300192
电　　话：（022）87894896
传　　真：（022）87895650
网　　址：www.tsttpc.com
印　　刷：永清县晔盛亚胶印有限公司
发　　行：全国新华书店
版本记录：710×1000㎜　16开本　10印张　220千字
2012年1月第1版　　2021年6月第3次印刷
定价：35.00元

邮票百科科普馆

分册书名

编 委 会

前言

新中国的邮票从1949年开始发行，基本都以建筑、自然风光、动植物为图案，其种类主要有普通邮票、纪念邮票、特种邮票等。纪念邮票是从1949年10月8日开始发行，新中国的纪念邮票多以重大的政治事件、庆典和节日为内容，对一些革命人物、文化名人以及重要的国际活动也发行过纪念邮票；特种邮票的题材非常广泛，包括了经济、社会建设、文化艺术、珍禽异兽、奇花异草、山水风光等。

《邮票百科科普馆》丛书收录了从中华人民共和国成立到2010年，新中国所发行的各类邮票品种，以全新的分类方式，全方位展现给广大读者朋友，并依照邮票的志号（及时间先后）顺序，系统介绍了从1949年到2010年我国发行的每套邮票的时代背景、每一枚邮票的图案内容及主题和所涉及的相关知识、对邮票图案艺术设计特点的研究和鉴赏等。内容分为：风景名胜类、建筑类、人物类、动物类、植物类、艺术类、文学类、体育类、军事类等。全书对各类邮票采用简短、浅显易懂的文字进行介绍，通过图文混排的形式把它们全方位、多角度地展现在读者面前，使读者更加深刻地了解中国邮票艺术的发展历程、时代特征及收藏价值。

丛书在邮票发行背景的介绍中，力求真实、客观，以历史的本来面目记述事件与人物的真相。同样，邮票图案的设计也不是随心所欲的，它要与立题密切配合，相互依衬、相互烘托。因此，丛书在邮票图案内容的介绍中，既突出主题，又兼顾相关，使介绍的对象生动、跃然。全书语言生动，文笔优美，图片清晰，具有较高的趣味性和较强的可读性，是广大集邮爱好者学习集邮、鉴赏邮票必读的普及性读物。

本丛书在编写过程中，得到了国内许多集邮爱好者的关心和支持（由于人员太多，请恕我们不能一一列举），特别是天津科技翻译出版公司各级领导和各位老师的悉心指导和帮助，在本丛书即将付印之际，特向相关人员表示诚挚的谢意。需要特别声明的是：本丛书只是丛书编委会人员就新中国邮票这一领域的首次大胆尝试，真心希望本丛书能够起到抛砖引玉的作用，希望在这一领域能够不断涌现出更多、更好、更能适合读者阅读的好图书。

另外，由于编写人员知识水平有限及编写时间仓促，尽管我们尽最大努力想把每一部分内容都能够做得更完美，但还是由于各方面的原因，仍有不尽人意之处。在这里我们热诚希望广大读者朋友就书中的错谬之处大胆批评指正。读者交流邮箱：xywenhua@yahoo.cn；交流QQ：228424497。

丛书编委会

2011年8月

目录

花卉

发行日期：1958. 9. 25

3–1　　3–2　　3–3

（普10）

3–1牡丹花　　$1\frac{1}{2}$分

3–2荷花　　3分

3–3菊花　　5分

邮票规格：18 mm × 20 mm

齿孔度数：14度

整张枚数：230枚

版　别：胶版

设计者：孙传哲

印刷厂：北京人民印刷厂营业分厂

全套面值：$9\frac{1}{2}$分

知识百花园

国内印刷品资费从1958年1月开始调整。这套花卉普通邮票共3种，面值分别为适用于本埠互寄印刷品的$1\frac{1}{2}$分，国内互寄印刷品的3分和国内航空互寄印刷品的5分。

1958年9月25日，邮政部发行《花卉图》普通邮票。全套三枚。

荷花

菊花

牡丹

菊花（第一组）

发行日期：1960.12.10

18-1　18-2　18-3

18-4　18-5　18-6

（特44）

18-1（210）黄十八　4分　400万枚

18-2（211）绿牡丹　4分　400万枚

18-3（212）二乔　8分　800万枚

18-4（213）大如意　8分　800万枚

18-7

18-8

18-9

18-10

18-11

18-12

18-13

18-14

18-15

18-16

18-17

18-18

（特44）

18-5（214）如意金钩	8分	800万枚
18-6（215）金牡丹	8分	800万枚
18-7（216）帅旗	8分	800万枚
18-8（217）柳线	8分	800万枚
18-9（218）芙蓉托桂	10分	300万枚
18-10（219）玉盘托珠	10分	300万枚
18-11（220）赤金狮子	20分	250万枚
18-12（221）温玉	20分	250万枚
18-13（222）紫玉香珠	22分	100万枚
18-14（223）冰盘托桂	22分	100万枚
18-15（224）墨荷	30分	100万枚
18-16（225）班中玉笋	30分	150万枚
18-17（226）笑靥	35分	150万枚
18-18（227）天鹅舞	52分	150万枚

邮票规格：26.5 mm × 36 mm

齿孔度数：11.5×11度

整张枚数：50枚

版　别：影写版

设计者：刘硕仁

原画作者：洪怡、屈贞、胡絜青、汪慎生、徐聪佑

印刷厂：北京邮票厂

全套面值：3.07元

知识百花园

菊花为多年生草本，叶卵圆形至披针形，边缘具粗大锯齿或深裂。秋季开花，头状花序顶生或腋生，花序的大小、颜色和形状因品种而异。菊花原产我国，栽培历史约有3 000多年。人们之所以喜爱菊花，不仅是因为它花形多样，色彩丰富，还因为它开在仲秋，能傲霜凌雪，“无桃之妖艳，抱松柏之坚心”，与梅、

兰、竹并称为“四君子”，是高尚人格和磊落情操的象征。除此之外，菊花还可供食用和药用。屈原的名句“夕餐秋菊之落英”，便是以菊花之嫩叶与花佐餐为高雅。汉武帝时，皇室中每逢重阳节都要饮菊花酒，因其能“令人长寿”。我国著名作家老舍夫人、《菊花》邮票的原画者之一胡絜青也说过：“我们有时吃火锅，上面撒满白菊，确是别有风味。它的叶子还有清热、明目的功能，也是一种好的经济作物。”白菊和黄菊，性微寒，味甘苦，能散风清热、平肝明目。李时珍在《本草纲目》中，就考察过900多种菊花，证实菊花确有“调四肢，利五脉，养目血，去翳膜”之作用。菊花已被我国誉为十大名花之一。

1960年12月10日，邮电部发行了这套《菊花》特种邮票，18幅画面均由我国著名国画家提供原图。

邮票解析

图18-1【黄十八】又名“十八瓣”，此花共有舌状花瓣18枚，是菊花中的特殊品种。其他菊花花瓣无定数。

图18-2【绿牡丹】花冠短而宽，形态阔而肥，状似牡丹，花瓣为绿色，正是植物学上所说“花由叶变化而来”的证明。为菊花中之珍品。

图18-3【二乔】花冠娇嫩，花形飘逸，一半金黄，一半紫红，微风拂过，绰约多姿。此花以三国时东吴乔国老的两个美丽女儿（大乔、小乔）命名。

图18-4【大如意】花瓣长而弯曲，尖端作钩状似“如意”，为吉祥顺利的象征。

图18-5【如意金钩】花冠呈金黄色，中间作波状，尖端卷曲，犹如金色如意钩。

图18-6【金牡丹】花团锦簇，色黄似金，堂皇富丽，极有特色，在菊花中为宝贵的象征。

图18-7【帅旗】花瓣稀薄，宽大洒脱，犹如一面旗帜，迎风摇曳。金黄和紫红色相间，更为此花增辉添色。

图18-8【柳线】花冠娇嫩葱绿，花瓣柔细纤长，恰似春风柳条，婀娜万状。

图18-9【芙蓉托桂】此花外围似红色芙蓉，中心如金黄月桂，它们的结合真是菊中的杰作。

图18-10【玉盘托珠】白色花冠圆整如玉盘，众多花瓣尖端卷曲似珍珠，此花名不虚传。

图18-11【赤金狮子】花色金黄透橙，花瓣细长卷曲似狮颈，颇具威风。

图18-12【温玉】花形雅致，花色柔和，如一块宝玉，在花丛中显得温顺而谦和。

图18-13【紫玉香珠】此花紫色如玉，花瓣顶端卷曲如珠，微风起处，似有幽香飘过。

图18-14【冰盘托桂】花冠中部如一枝金桂，而外围花冠则冰清玉洁，烘托着这朵桂花的无限高雅。

图18-15【墨荷】此花状似荷花，但花色深紫如漆，由此得名。

图18-16【班中玉笋】花色洁白如玉，花形娇嫩如笋，在菊花丛中更显其晶莹秀润。

图18-17【笑靥】花形圆润，花瓣鲜嫩，花色粉红，恰如一张无忧无虑的笑脸。

图18-18【天鹅舞】洁白的花瓣有卷有伸，舒展的花形有松有紧，正如一群小天鹅，在舞曲中摇动腰身。

菊花

牡丹

发行日期：1964.8.5

15-1　　15-2　　15-3

15-4　　15-5　　15-6

（特61）

15-7

15-8

15-9

15-10

15-11

15-12

15-13

15-14

15-15

（特61）

15-1（336）	胜丹炉	4分	400万枚
15-2（337）	昆山夜光	4分	400万枚

（特61　小型张）

15-3（338）葛巾紫	8分	600万枚
15-4（339）赵粉	8分	600万枚
15-5（340）姚黄	8分	600万枚
15-6（341）二乔	8分	600万枚
15-7（342）冰罩红石	8分	600万枚
15-8（343）墨撒金	10分	250万枚
15-9（344）朱砂垒	10分	250万枚
15-10（345）蓝田玉	10分	250万枚
15-11（346）御衣黄	10分	250万枚

15-12（347）胡红　　10分　　250万枚

15-13（348）豆绿　　20分　　250万枚

15-14（349）魏紫　　43分　　120万枚

15-15（350）醉仙桃　　52分　　100万枚

小型张（351）状元红、大金粉　2元　　4万枚

邮票规格：26.5 mm × 36 mm

小型张规格：77 mm × 136 mm，其中邮票尺寸：　52 mm × 62 mm

齿孔度数：11.5 × 11度、11.5度（M）

整张枚数：50枚

版　别：影写版

设计者：邵柏林、卢天骄（M）

原画作者：田世光

印刷厂：北京邮票厂

全套面值：2.13元

小型张面值：2.00元

知识百花园

牡丹为毛茛科芍药属，系落叶小灌木，高数尺，大者丈余，二回三出复叶，小叶常3至5裂，初夏开花。我国陕西秦岭一带原产山牡丹。据《广群芳谱》载："秦汉以前无考，自谢康乐始言，永嘉水际竹间多牡丹。"而刘宾客著《嘉话录》谓"北齐杨平华有画牡丹"。说明早在1 400多年前的南北朝时，我国即已栽培牡丹。牡丹可入药，花瓣可食，根皮称"丹皮"，有清热、散瘀、降血压之功效，在西汉《神农本草经》中便有记载。到了隋朝，牡丹已成为名贵的观赏花卉。相传，隋炀帝在西苑时，易州进牡丹20箱，其中有飞来红、天外红、一拂黄、延安黄等名品。进入唐代，培植牡丹点缀园林已经盛行，还把牡丹的图案用在丝绸和妇女的装饰上。皇宫之内对于牡丹尤为青睐，在骊山专门设置了牡丹园，"种花万本，色样各殊"。唐玄宗李隆基与杨贵妃常在兴庆宫沉香亭前的牡丹园中欢宴，并诏令李白进献清平乐咏牡丹词，以供梨园弟子演唱，从而留下了"名花倾国两相欢，长得君

王带笑看”的名句。传说武则天时，一日，她忽发奇想，醉笔草诏道：“明朝游上苑，火速报春知；花需连夜发，莫待晓风催。”百花慑于武后权势，全部违背时令而破例开放，唯独牡丹干枝枯叶，傲然挺立。武后大怒，把牡丹由京城长安全部贬到洛阳。然而，牡丹一到洛阳，却争相开放，百里飘香，万紫千红，锦绣成堆，以至于“洛阳牡丹甲天下”之盛誉经久不衰。洛阳花市更是盛极一时，白居易有诗赞道：“花开花落二十日，一城之人皆若狂”。“家家习为俗，人人迷不悟”。到了宋代，栽培技术已经很高，培育出许多新的花色品种。宋明道、景祐年间（即11世纪30年代），欧阳修在所著牡丹三部曲，即《洛阳风土记》、《洛阳牡丹记》、《洛阳牡丹图》中，详细记述了牡丹的颜色有白、浅红、黄、深红、紫红、正红等24种，并介绍了其中某些品种的来源及栽培技术，以及当年洛阳牡丹的盛况等，是留存至今的我国历史上第一部牡丹专著。此外，在宋代张邦基的《陈州牡丹记》、陆游的《天彭牡丹谱》等书中，也记述了牡丹的一些好品种。明代薛凤翔著有《牡丹八书》、《亳州牡丹史》，记述了152个品种。在清代康熙四十七年（1708）完成的《广群芳谱》中，仅红牡丹就有百余种之多。从明朝万历年间至民国初年，山东曹州（今菏泽市）的牡丹盛极天下，有“曹南牡丹甲于海内”之称。曹州土带砂质，气候适宜，那里的住户“种花如种黍粟，动以顷计，东郭二十里盖连畦接畛也。”被称为牡丹的“第二故乡”。还有安徽的铜陵、青阳等地，也都是著名栽培地区。牡丹色彩缤纷，冠绝群芳，“千片赤英霞灿灿，百枝绛绝灯煌煌”。其花型有楼子、冠子、平头、绣球、莲花、碗及盘之分。而花瓣的形状又有皱瓣、光瓣、旋瓣、莲花瓣、卷筒瓣、裂瓣、尖长瓣种种。它的重瓣都是在长期的栽培过程中，由雌雄蕊瓣化而成的。雄蕊瓣化后，与花瓣颜色相同；而雌蕊瓣化后为青绿色，被称为“青心”。牡丹的品种，历史上有记载的就有370多种。长期以来，由于劳动人民的精心培育，新的品种不断出现。现在我国的牡丹已达千种，其中，像淡鹅黄、锦袍红、万巾紫、凤尾白等名品也在百种以上，但最有名的，还是被誉为花王、花后的姚黄和魏紫。明朝王象晋在《群芳谱》中写道：“大抵洛阳之花，以姚魏为冠。”又说：“自洛阳花盛，而诸花诎矣。”牡丹因而又名“洛阳花”，现已广布于我国陕西、甘肃、安徽、四川、山东、河南、江苏、浙江等省，其花色品种均有很大发展。

为展示我国牡丹芳容，邮电部发行了这套《牡丹》特种邮票。16幅画面中的

17个牡丹品种，都是牡丹中的典型品种，邮票采用我国著名花鸟画家田世光创作的原画进行设计。

邮票解析

图15-1【胜丹炉】又名红炉藏珠或紫炉藏珠，喜温暖向阳，为晚开品种。紫红色花，重瓣起楼，花心隆起。雌蕊瓣化，花心有绿瓣，为“青心红”的一种。

图15-2【昆山夜光】其性坚韧，生长旺，喜阴凉。花色纯白，无杂色，有光泽，花瓣细润，重瓣。

图15-3【葛巾紫】重瓣起楼，层次多，花紫色，花蕊几乎全部瓣化，花朵呈球形，茎软，花开后，因不能支撑而头下垂，似紫色头巾披挂。

图15-4【赵粉】初开时粉红色，近谢时粉白色，有时为半重瓣，有时为重瓣，

牡丹

常在一枝上同时生长单瓣、半重瓣或重瓣的花朵。花瓣芳香浓郁，可用来酿酒。

图15-5【姚黄】是栽培历史悠久的品种，花面有一尺多，有“花王”之称。色乳黄，瓣起楼，花蕊几乎全部瓣化。长势强，易栽培，为牡丹中最为名贵的品种。

图15-6【二乔】同一朵花上有粉、紫两种颜色，或是同一枝上有粉、紫两色的花朵，花瓣很多，瓣的基部为紫红色。花心微露，花朵较大。

图15-7【冰罩红石】花瓣基部有一小块红色色斑，状似宝石，故名。花朵娇嫩，开花时最怕强光照射和风吹，花粉红色，近谢时变成粉白色，有光泽，富丽堂皇。

图15-8【墨撒金】花色浓深，为墨紫色，有光泽，花瓣较大，但稍显稀薄，中间露有黄色花蕊，故名。是牡丹中的名种之一。

图15-9【朱砂垒】花紫红色，朵大，单瓣露心，雄蕊为黄色，雌蕊呈紫红色，为牡丹中的特殊品种，艳丽悦目。

图15-10【蓝田玉】花初开时为蓝白色，盛开后变为白色，莹洁如玉，故名。花瓣基部有紫色晕斑，重瓣起楼，瓣上有时夹有黄蕊。

图15-11【御衣黄】花朵硕大，重瓣，初开时为鹅黄色，盛开时呈金黄，花瓣

牡丹

集邮小知识

邮票的齿孔度

齿孔度简称齿度，是表示邮票齿孔髓密的量度，以度为单位。它是以20 mm长度内有多少齿和孔的数量来表示的。1个齿和1个孔合称为1度，单个齿或单个孔称为1/2度，齿孔度数以P标明。如在20 mm长度内有12个齿和12个孔，则齿孔度为12度，即P12。在20 mm长度内有12个齿和11个孔，或有11个齿和12个孔，则齿孔度为11度，即P11。齿孔度分为单式齿孔度和复式齿孔度两种。

单式齿孔度是指邮票四边的齿孔度均相同。此种齿孔度最常见，因此又称为常式齿孔。

复式齿孔度是指邮票上下两边（横边）与左右两边（直边）齿孔度不同。表示方法：横×直。如：P11×12。

有的邮票四边的齿孔度均不相同。其表示方法为：上×右×下×左，按顺时针方向标出。正三角形邮票，齿孔度按“左——右——底”的顺序标出。倒三角形邮票，齿孔度按“左——顶——右”的顺序标出。自北京邮票厂建成以后，我国的邮票齿孔度大多数为11度。

内有黄蕊，整个花朵如皇帝的御衣，故名。

图15-12【胡红】适应力强，易栽培。初开时浅红色，盛开时转呈红色。重瓣，有少许淡黄花蕊，色泽鲜艳美丽。

图15-13【豆绿】初开时为绿白色，盛开时呈青绿色，晶莹，妖媚，清秀，为牡丹中珍贵品种。花蕊瓣化程度较强，起楼。

图15-14【魏紫】牡丹珍品，栽培历史悠久，有“花后”之称。花朵呈紫色，外层瓣大，内层瓣细，有少许浅黄花蕊，盛开时呈球状，雍容华贵，在墨绿色花叶相映下极美丽。

图15-15【醉仙桃】花朵粉红色，重瓣起楼，花型呈桃状，开花时头下垂，故名。是牡丹中以花形取胜的独特品种。

小型张【状元红、大金粉】状元红初开时为浅红色，盛开时转红紫色，花叶较大，呈长圆形或长卵圆形，枝干青绿，带朱砂点。大金粉盛开时粉中带紫，花蕊有少许淡黄点缀。画面中部两朵盛开的大花即是大金粉，它与上、下两朵状元红交织在一起，气氛热烈红火。

药用植物

发行日期：1978. 9. 15

5-1

5-2

5-3

5-4

5-5

（T. 30）

5-1人参	8分	2 000万枚
5-2曼陀罗	8分	2 000万枚
5-3射干	8分	2 000万枚

5-4桔梗　　　8分　　2 000万枚

5-5满山红　　55分　　250万枚

邮票规格：30 mm × 40 mm

齿孔度数：11.5 × 11度

整张枚数：50枚

版　别：影写版

设计者：潘可明

印刷厂：北京邮票厂

全套面值：0.87元

知识百花园

这套《药用植物》特种邮票，选取5种常见、常用又具有代表性的药用植物，对于宣传和普及我国的药用植物知识，发挥了重要作用。

邮票解析

图5-1【人参】人参为珍贵的滋补药。属五加科，多年生草本植物。根呈纺锤形，茎很短。地上植株随着生长年龄而不断变化，一年生植株为一片复叶上生有三个小叶，俗称“三花”；两年生的仍为一片复叶，但生有五枚小叶，俗称“巴掌”；三年生的有两片复叶，俗称“二甲子”；四年生的有三片复叶，俗称“灯台子”；以后依次每年增加一片

人参

复叶，但到了第七年，长了六片复叶时，就不再随年限增加了。人参初夏开花，花小，呈白色或淡黄绿色，伞形花序单个顶生。果实扁球形，红色，有光泽，远远望去非常醒目，俗称“红榔头”。产于我国东北地区长白山和兴安岭山区以及朝鲜、前苏联的远东地区。野生的称为“山参”，栽培的称为“园参”。最初用于栽培的园参种子，就是从野生的山参取得的，但山参的药用价值和售价要比园参高得多。人参根含皂苷、人参酸、挥发油、植物甾醇、维生素等，中医学以加工后的干燥根部入药，生人参性微寒，加工后性微温，味甘微苦，能补元气、生津液，有利于人体生理机能的调节与恢复，可调节血压，有强心、益智、安神之效。它还有利于收缩血管，促进性机能，抗高血糖，适用于医治脑动脉硬化、糖尿病等。邮票画面右上方为纺锤式的根茎，而主图则是果实成熟的人参植株。

图5-2【曼陀罗】又名“风茄儿”。属茄科，一年生有毒草本植物。茎直立。单叶互生，叶卵圆形。花单生，夏秋开花，花冠白色，漏斗状，上部五裂。果近球形，有稀疏的短粗刺，熟时4瓣裂。原产热带和亚热带，我国大部分地区均有分布。曼陀罗药用部分为花叶和种子，均有剧毒。《水浒传》中梁山好汉智取生辰纲所用的“蒙汗药”，就是用曼陀罗泡制的。其花名“洋金花”，性温、味辛，有麻醉止痛、平喘的功能。治疗时，把它的花或叶切碎掺烟叶吸，可治哮喘；而用它

曼陀罗

的花煎汤外洗，可治疗肌肉疼痛、麻木和寒湿脚气。种子名“风茄子”，外用治风湿痹痛等症。叶、花和种子含莨菪碱、东莨菪碱等，用作抗胆碱药，能抑制腺体分泌，解除平滑肌痉挛，用于治疗腹绞痛、胃和十二指肠溃疡等。邮票画面上为白花曼陀罗，并有一绿色幼果生于叶腋间。

射干

图5-3【射干】射干为常见的伤风感冒药。属鸢尾科，多年生草本植物。单子叶，根状茎在地下横走，而地上茎丛生，均鲜黄色。叶宽剑形，互生成二行。花顶生，夏季开花，橙黄色或橘红色，花被六片。果实为三角状倒卵形。原产我国，在各地均有分布，日本和朝鲜也有分布。除栽培供观赏外，根茎可提取芳香油。入药部分为根茎，性寒，味苦，用于治疗感冒、咽喉肿痛、咳嗽痰多、气喘等症。邮票画面右下部为可入药的根茎，而主图则是射干全株。

图5-4【桔梗】桔梗为常见的伤风感冒药。属桔梗科，多年生草本植物。双子叶，根肉质，圆锥形。叶卵圆形至卵状披针形，边缘有锐锯齿，互生或对生。秋季

桔梗

在枝端开花，蓝紫色，阔钟状，上部五裂，雄蕊五枚。果实卵锥形。原产于东亚，我国各地均有分布，多野生于山坡，也可栽培供观赏。入药部分为根，性平、味苦辛，能宣肺、祛痰、排脓。治疗咳痰不爽、咽喉肿痛、肺痈等症。邮票画面右下部为其可入药的根，而主图亦是桔梗的整株，极为自然清淡。

图5-5【满山红】又叫“兴安杜鹃”，为治疗气管炎良药。属杜鹃花科，半常绿灌木。单叶互生，近革质，椭圆形，两端钝，背面密被腺鳞。夏季先叶开花，花生于枝端，紫红色或粉红色，雄蕊十枚，伸出冠外。枝上有鳞片和柔毛。果实长圆形，有鳞片。主要生长在我国东北各地的山坡和岩石间。花供观赏。叶含芳香油和香豆素等，可提香精，亦可入药。性寒、味苦，功能止咳祛痰，主治急、慢性支气管炎。果实、茎、叶含鞣质，可提制烤胶。邮票画面为一株烂漫多姿的满山红。

满山红

中华人民共和国邮票展览香港（小型张）

发行日期：1979. 11. 10

（J42 小型张）

1-1云南山茶花（小型张加字）　　2元　　10万枚

小型张规格：135 mm × 90 mm，其中邮票尺寸：90 mm × 40 mm

齿孔度数：11.5 × 11度

版　别：影写版

设计者：任宇

印刷厂：北京邮票厂

小型张面值：2.00元

知识百花园

1979年11月10日至25日，由中国邮票总公司和商务印书馆香港分馆在香港联合举办了中华人民共和国邮票展览，展品内容包括我国自1878年起发行的16套100多种清代邮票，这是我国最早发行的票品；有1929年至1949年在中国各个解放区发行的1 500多种邮票，这些邮票是在物质条件十分困难的情况下印制的，许多邮票是石印的、木版印刷的，还有一些是蜡版油印的，它反映了中国人民邮政从初创到成长起来的崎岖道路，也铭记了人民革命战争的光辉历程，是重要的革命文物；展品还有近400套1 500多枚新中国邮票，这是展览的主要部分。展会上同时展出了中国邮票中的珍品，包括一些邮票图稿、原画和原版。参观人数达2万多人，港报报道说："这次邮展是香港邮坛破天荒的一件大事，这是'邮民'可歌可舞的盛大节日!"许多学校的学生在老师带领下，利用上课时间去参观。一位老师说："参观这样的展览，除能增加学生的课外知识外，还可使学生通过邮票上的图案了解中国的文化、艺术、历史、政治。"日本邮趣协会还组织了参观团专程赴港。

为祝贺这次展览会的隆重召开，在开幕当天，邮电部发行了1枚小型张，即在1979年11月10日邮展同一天发行的《云南山茶花》小型张上，加印了"中华人民共和国邮票展览·一九七九年香港"字样。

山茶花

中日邦交正常化十周年

发行日期：1982. 9. 29

2-1

2-2

（J84）

2-1梅花　　8分　　918.81万枚

2-2扶桑　　70分　 322.81万枚

邮票规格：27 mm × 60 mm

齿孔度数：11度

整张枚数：35枚

版　别：影写版

设计者：万维生

原画作者：关山月、肖淑芳

印刷厂：北京邮票厂

全套面值：0.78元

知识百花园

为庆祝中日邦交正常化10周年，两国邮政部门各自在本国同时发行1套同一主题、反映共同心愿的邮票。日本发行的邮票全套1枚，面值为60日元，主图为梅原龙三郎的油画《天坛》，该画家素以描绘我国北京的风光而负有盛名。中国发行的邮票全套2枚。

邮票解析

图2-1【梅花】原画系国画，由我国著名画家关山月创作。此花素以其迎霜傲雪的独特风格，象征着中华民族的坚强不屈、坚韧不拔、坚定不移、坚不可摧的品质和意志，是中国人民精神的化身和代表。1983年10月，被中国植物协会建议为我

梅花

国国花。邮电部于1985年4月5日专门发行了1套“梅花”邮票。

图2-2【扶桑】原画为国画，由我国著名画家肖淑芳创作。扶桑又名朱槿、赤槿，属锦葵科木槿属，为常绿灌木。在炎热的南方可以常年开花，花朵大，直径10厘米左右，形似漏斗，有单、重瓣之分，花心细长伸出花外，花期亦长，花色有红、白、黄等，以红为贵。叶子阔卵形，很像桑叶，李时珍在《本草纲目》中记述：“东海日出处有扶桑树。此花光艳照日，其叶似桑，因以比之。”扶桑之名，可能由此而来。《本草纲目》称扶桑的雌雄蕊“上缀金屑，月光所烁，疑若焰生一丛之上”，甚为美观。扶桑的根、叶、花均可入药，有解毒消肿之功效。茎皮纤维可制成绳索，供编织之用。扶桑原产我国，主要分布在南方各省，现已遍植世界各地。马来西亚、斐济等国还把它定为国花。扶桑是日本的象征，古时即称日本为扶桑国。《梁书 · 扶桑国传》记载：“扶桑在大汉国东二万余里，地在中国之乐，其土多扶桑木，故以为名。”

扶桑花

中日和平友好条约缔结十周年

发行日期：1988. 8. 12

2-1　　2-2

（J152）

2-1牡丹	8分	1 115. 15万枚
2-2樱花	1. 60元	1 115. 15万枚

邮票规格：27 mm × 40 mm

齿孔度数：11度

整张枚数：50枚（2枚横式连印）

版　别：影写版

设计者：孙志钧

印刷厂：北京邮票厂

全套面值：1.68元

知识百花园

为纪念中日和平友好条约签订10周年，两国邮政主管部门达成了联合发行邮票谅解备忘录，双方以友好协商的精神，共同确定了邮票主题和图案内容。双方同意两国采用连票形式各自发行两枚邮票。图案内容，中国邮票为牡丹花与樱花，日本邮票为熊猫与牡丹花，在设计上体现中日两国长期睦邻友好的精神。按照商定的图案内容，两国将分别设计、审定、印刷和发行邮票。

我国这套邮票由北京师范大学美术系孙志钧设计。他运用中国画传统的开合构图规律，使两枚连票在构图姿态上相互呼应，形成一个统一的整体。

邮票解析

图2-1【牡丹】邮票画面为两朵盛开着的硕大牡丹花，在绿叶的衬托下，格外雍容华贵，美丽吉祥，花朵饱满，花姿向上，显示其旺盛的生命力，寓意着中日友好的灿烂前景。

图2-2【樱花】邮票画面为一树艳放而簇拥着的日本樱花，红粉相间，浓淡相宜，枝头下垂，花姿隽秀，既符合植物的生长规律，又蕴含着中日两国和两国人民世代友好的心愿。

牡丹

樱花

云南山茶花

发行日期：1979.11.10

10-1

10-2

10-3

10-4

（T.37）

10-1菊瓣	4分	750万枚
10-2狮子头	8分	1 500万枚
10-3金花茶	8分	1 500万枚

10-5

10-6

10-7

10-8

10-9

10-10

（T. 37）

10-4小桂叶	10分	500万枚
10-5童子面	20分	500万枚
10-6大玛瑙	30分	200万枚
10-7牡丹茶	40分	200万枚
10-8紫袍	50分	300万枚
10-9六角恨天高	60分	250万枚

（T. 37 小型张）

10-10柳叶银红	70分	250万枚
小型张　宝珠茶	2元	25万枚

邮票规格：40 mm × 30 mm

小型张规格：135 mm × 90 mm，其中邮票尺寸：90 mm × 40 mm

齿孔度数：11 × 11.5度、（M）11.5 × 11度

整张枚数：50枚

版　别：影写版

设计者：任宇

印刷厂：北京邮票厂

全套面值：3.00元

小型张面值：2.00元

知识百花园

山茶又名玉茗。《群芳谱》称它为曼陀罗树，《格古论》则叫它宫粉花。因其嫩叶蝶熟，水淘洗净，可调油盐以食，也可蒸晒后做茶煮饮，故得茶名，俗称茶花树。山茶是一种常绿灌木或小乔木，为山茶科山茶属植物。高者可达10米以上，矮者可栽为盆景。山茶花原产于我国、日本和朝鲜，在我国则主要分布在长江以南，其中尤以云南为最。我国早在隋朝就有栽培山茶的历史，但在宋朝以后，它才受到园艺家的重视，民间也广为栽植，成为人们喜爱的观赏植物。宋代诗人曾巩赞曰："山茶花开春未归，春归正值茶盛时。"陆游有诗颂之："雪里开茶到春晚，世间耐久孰如君"，又说："东国三日雨兼风，桃李飘零扫地空。唯有山茶偏耐久，绿丛又放数枝红。"每当山茶花开时节，吐蕊含芳，花团锦簇，宛若烛光一片，耀眼生辉。明末提当和尚写诗描绘道："树头万朵齐吞火，残云烧红半个

集邮小知识

掌握邮市术语

任何一种投资市场都有自己独特的行话，邮市亦不例外。如果听不明白，或理解不了，有时候也会影响到你的投资行为，甚至招致一些不必要的烦恼和经济损失。

邮市里的术语一般分为两类，一类是日常买卖术语，一类是用于炒作中的术语。日常买卖术语在邮市交易中无时无刻都存在。如果你走到一个专售小型张的柜台前问他有无"桂花"小全张卖，他会问你，是想买整盒的还是散张，两者价格不同。整盒中还要分为开封或未开封、原封或拼封、抠号或带号的，价格也都不一样。

当你购买全张票时，会遇见如下一些术语，如挺版（从未使用过的、全新的）、折版（有折痕的）或破版（整版邮票拆开的），抠号的（把整版邮票边上的邮票印刷厂名以及编号撕去）或带号的，有时还会遇上卷版的或粘版的（用单枚票或四方连粘成一个全张出售）。

这些术语往往隐含着评价邮票价值高低的诸多信息，最后反映在成交价格上。如果你弄不清楚这些术语之间的区别，有时就会多花不少冤枉钱。

购买JP邮资片时，一般会遇见诸如整百的、整包的和散片等名词，整包中还要分为原包或拼包的。原包的价格优于拼包的，这种情形与小型张的特点类似。

天。”清代李于阳也有诗赞曰：“拔地孤根耸十丈，威仪特整东风前。玛瑙攒成亿万朵，宝花烂漫烘晴天。”云南山茶花名为南山茶，又名滇山茶、大茶花等。

这套《云南山茶花》特种邮票所展现的均为山茶花中名贵品种。

邮票解析

图10-1【菊瓣】菊瓣茶花，艳开在俏枝上，花瓣重重如菊花，花色粉红，似贵妇雍容。

图10-2【狮子头】火红的花朵花瓣旋卷，恰似狮王之头。这株“狮子头”，现仍在昆明东郊的归化寺中，已存在了几百年。

图10-3【金花茶】金花茶被列为国家重点保护野生植物之一，是1960年中国科学院植物研究所的胡先骕教授等专家在广西南宁邕宁县坛洛乡高庶村一带，海拔100～300米的阳坡次生林中发现的。其树高2～5米。分布区域极为狭窄，为广西土生土长。

图10-4【小桂叶】这朵“小桂叶”，呈浅银红色，显得素洁、淡雅。

图10-5【童子面】白里微带红晕的“童子面”，正似儿童的小脸蛋，纯净、天真、聪明、美丽，给人以希望。

山茶花

集邮小知识

邮票的需求量

邮票的存世量对邮票价格的影响，很大程度上要受时间的制约，而邮票的需求量对邮票价格的影响，是直接的、人为的、甚至可以不受邮票的发行量和存世量所左右。但邮票的需求量取决于邮票本身的优劣（主要指选题、设计、印刷）。劣质劣价，优质优价，有些发行量少的邮票，其价格却没有发行量多的邮票上得快。1989年发行的“马王堆汉墓帛画”小型张和1991年发行的“杜鹃花”小型张，面值相同，前者发行量为720万枚，后者930万枚，但市场上后者的价格远高于前者，尽管前者还比后者早发行3年。再如：“曾侯乙编钟”小型张和“三国演义”小型张（千里走单骑）相比较，编钟发行量396万枚，“三国演义”发行量523万枚，但“三国”小型张价格竟比“编钟”小型张高出一倍多。

图10-6【大玛瑙】此花花瓣红白相间，花蕊金黄色，花开似玻璃、似翡翠、似玉石、似水晶，玲珑剔透，给人以澄澈透明的感觉。

图10-7【牡丹茶】邮票画面上，一朵宛若牡丹的重瓣大花，在绿叶的映衬下，雍容典雅，堂皇富丽，的确是举世闻名的牡丹名茶。

图10-8【紫袍】邮票画面上，花瓣深红带紫，有一道白色条纹，花蕊黄中偏绿，犹如一件紫色袍袄。

图10-9【六角恨天高】六角花瓣，层层叠叠，花容丰满，花姿独特，植株矮小，得“恨天高”之名。

图10-10【柳叶银红】植株颇高，其花色虽为黑白相间却不呆板，花朵造型虽单薄却不寒酸。

小型张【宝珠茶等】为云南山茶花中的“宝珠茶”、“麻叶蝶翅”、“松子麟”等珍贵品种。

荷花

发行日期：1980.8.4

（T.54 小型张）

4-1

4-2

4-3

4-4

（T. 54）

4-1白莲	8分	1 500万枚
4-2碧绛雪	8分	1 500万枚
4-3佛座莲	8分	1 500万枚
4-4娇容三变	70分	100万枚
小型张　新荷凌波	1元	25万枚

邮票规格：31 mm × 38.5 mm

小型张规格：70 mm × 146 mm，其中邮票尺寸：52 mm × 93 mm

齿孔度数：11.5度

整张枚数：50枚

版　别：影写版

设计者：陈晓聪

印刷厂：北京邮票厂

全套面值：0.94元

小型张面值：1.00元

知识百花园

荷花即莲花，为睡莲科多年生花卉。根茎有节横生水底泥中，称为藕。节上长柄挺出水面，端生叶，圆盾形。花大而美，有白、粉红、紫、黄、洒金等色，以白、粉红两色为多，白色的香气袭人，粉红色的则艳丽多姿，亦散发着淡淡的清香。花期在6～8月份，昼开夜闭，次日再开，可持续三天。花托与果合称莲蓬，8～9月份成熟，内有莲子。莲子味清香，营养丰富。荷花从上至下均可入药，花能清暑解热，蒂能和胃安胎，梗能通气宽胸，子能健脾止泻，莲瓣能治暑热烦渴，莲须（雄蕊）能益肾固精，莲心能清火安神，莲房能消瘀止血，藕节还有解酒毒、清烦热的功能等等。

邮电部选择1980年8月4日发行这套《荷花》特种邮票是有意义的，因这一天为旧历六月二十四日，按民间习俗为观莲节，是荷花生日。

荷花

邮票解析

小型张【新荷凌波】图案描绘了初夏清晨的荷塘景色。画家以工笔淡彩之法，描绘了新荷烟波出浴之姿和清新醉卧之娇容，其意境恰与朱自清在《荷塘月色》中所见到的荷花“如刚出浴的美人”，有异曲同妙。

食用菌

发行日期：1981.8.6

6-1

6-2

6-3

6-4

（T.66）

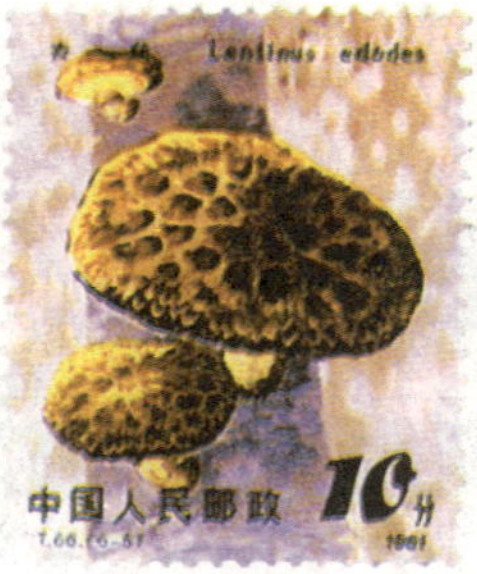

6-5

6-6

（T. 66）

6-1银耳	4分	562.16万枚
6-2竹荪	8分	1 196.16万枚
6-3猴头菌	8分	1 109.66万枚
6-4大红菇	8分	1 142.16万枚
6-5香菇	10分	545.66万枚
6-6双孢蘑菇	70分	158.66万枚

邮票规格：31 mm × 38.5 mm
齿孔度数：11.5度
整张枚数：50枚
版　别：影写版
设计者：潘可明
印刷厂：北京邮票厂
全套面值：1.08元

知识百花园

食用菌一般是指可供人食用的真菌。真菌是一系列不含叶绿素，不能进行光合作用，不能自制生存养料，只能从其他生物吸取有机物的低等植物。我国幅员辽阔，气候复杂，地形及植被类型多样，为各类真菌的繁殖生长创造了极为有利的条件。据有关部门统计，我国真菌至少有10万种，其中经济真菌种类及资源异常丰富。真菌大体上可分为藻状菌、担子菌、子囊菌、半知菌等四纲。食用菌主要是担子菌纲中的蘑菇、香菇、银耳、口蘑、牛肝菌、猴头菌、木耳等，以及子囊菌纲中的羊肚菌、子鞭菌、钟菌等，这些菌类的共同结构一般均由菌丝体和子实体组成。一般是白色的菌丝体埋于地下或附在枯木朽枝间，摄取现成养料，而子实体则是可供食用的耳、菇等，它色彩多样，姿态各异，有黑、白、黄、褐、红、绿、紫、蓝等色，且营养丰富，味道鲜美，多具有药用价值。食用菌大多喜温暖潮湿、雨量充沛、山多林茂、绿草如茵之环境。食用菌种类很多，在我国仅蘑菇就有300多种，如新疆的阿菠蘑、西藏的獐头菌、青海的大肥菇、山西五台蘑、湖南的麻菇、云贵川的大脚菇、东北的榛蘑、元蘑、松茸、猴头蘑等等，都是其中的佳品。

这套《食用菌》特种邮票中的6幅图案均为食用菌中佳品。

邮票解析

图6-1【银耳】又名白木耳，为担子菌纲银耳科。子实体状似鸡冠或花瓣，含胶质，白色半透明，干燥后呈淡黄或黄色。性喜温和湿润、通风良好之环境。生于半枯或枯死的麻栎、拴皮栎等树上。银耳炖热后亦呈白色半透明状，入口滑腻、鲜嫩，为营养上品。又可入药，利五脏、宣肠胃、治五痔及一切血症，是营养价值很高的滋补品。四川是银耳的特产地，以其朵藏大、肉头厚、胶质重、色泽纯而驰名国内外。在贵州、湖北、福建以及全国大部分地区均有种植。邮票画面上为一簇鲜嫩的银耳，背景为其生长的一株枯树。

银耳

竹荪

图6-2【竹荪】又名僧竺蕈，为担子菌纲鬼笔科。子实体呈笔状。顶部有钟形菌盖，盖下有白色的网状部，向下垂。盖呈浅红色，表面有恶臭黏液。将臭头切去，晒干后有香味。主要生长在云、贵、川和湖南、湖北的竹林中。其质地类似腐竹，晒干可制成优质竹荪，供出口，国际市场价格不菲。只是其离开竹根便难以生长，使大面积栽培受到限制。邮票画面上为一枝生长在竹林中的竹荪。

图6-3【猴头菌】又名猴头蘑，为担子菌纲齿菌科。子实体状如猴头而得名。白色，干后浅褐色。满体具软刺，形状像刺猬。寄生于林间树木上，也可人工栽培。我国东北大小兴安岭、华北和西南地区均有生长。可供食用，营养丰富。且可入药，从猴头菌中提取的浸膏片，可医治消化道溃疡，还可作为治疗癌症的辅助药物。邮票画面上为长在树杈上的一株猴头菌，菌体下垂，硕大匀称。

猴头菌

图6-4【大红菇】为担子菌纲伞菌科。伞盖较大，形似碗碟，肉头厚重，色呈朱红，鲜美可口，营养丰富，在主产区福建省各地，被视为补品，供产妇食用。但在皖南山区，也有一种大红菇，又名红染碗，色泽鲜艳，形态美观，却是一种毒蘑菇。邮票画面上，为生长在草丛中的大红菇，尤其是那根刚刚冒出地面的小红蘑菇头，更是好看。

大红菇

图6-5【香菇】又名香蕈、冬菇，为担子菌纲伞菌科。菌盖表面常呈褐色，菌褶

白色。菌柄筒状或稍扁，呈白色，但其基端稍带红色或红褐色。生长在枯死的栗树、栎树、栲树、野漆等树上，不耐高温，只有在立冬后到次年清明前才长出子实体。主要产于浙江、福建、安徽、江西等地。香菇味美而鲜，且可补血治风，为优良食用菌。邮票画面上为长在枯树上的香菇。

香菇

图6-6【双孢蘑菇】又名白蘑菇、洋蘑菇，为担子菌纲伞菌科。菌盖扁半球形或平展，白色至淡黄色。菌褶幼小时紫色，后变褐色。菌柄上有菌环。其口感好。营养价值高，是我国生产、栽培和食用的食用菌主要品种。在双孢蘑菇的水溶性成分中，有一种双链核糖核酸，能刺激人体网状组织细胞和白血球释放干扰素，具有很强的抗病毒侵染能力，因此，其药用价值很高。邮票画面上为一小群双孢蘑菇，犹如小星星，散布在培养基中。

双孢蘑菇

药用植物（第二组）

发行日期：1982. 5. 20

6-1

6-2

6-3

6-4

（T. 72）

6-5

6-6

(T. 72)

(T. 72 小型张)

6-1萱草	4分	502.66万枚
6-2贝母	8分	1 732.16万枚
6-3乌头	8分	1 541.16万枚
6-4百合	10分	554.66万枚
6-5天南星	20分	565.16万枚

6-6芍药		70分	273.16万枚
小型张	鸢尾	2元	115.45万枚

邮票规格：30 mm × 40 mm

小型张规格：138 mm × 70 mm，其中邮票尺寸：90 mm × 40 mm

齿孔度数：11.5×11度

整张枚数：50枚

版　别：影写版

设计者：邹建军

印刷厂：北京邮票厂

全套面值：1.20元

小型张面值：2.00元

知识百花园

这套《药用植物》特种邮票，选取七种药用价值大、株型优美、临床常用的中草药作为图案，在普及中药知识的同时，也使我们欣赏到这些野花、野草特殊的清新之美。

萱草

邮票解析

图6-1【萱草】又名黄花菜，金针菜。古时又称宜男、忘忧。《诗经》谓之谖草。原产欧洲，后传入我国。宋代苏轼有诗曰："萱草虽微花，孤香能自拔。亭亭乱叶中，一一芳心插。"萱草耐旱耐瘠，盛夏开花，呈喇叭状，有金黄、浅黄、橙红等色，鲜艳夺目。

其入药部分主要是根。性味甘凉。具有清利湿热、凉血解毒之作用。在临床上，主要用来治疗水肿、小便不畅、淋浊、带下、衄血等症。对黄胆性肝炎有一定疗效。萱草根有微毒，经加热煮沸后，可明显降低毒性。

贝母

图6-2【贝母】为多年生百合科草本植物，春生夏萎。贝母即指其扁球形鳞茎。茎顶的叶片呈线状披针形，先端卷曲如卷须，茎下部叶片对生，上部轮生。春季开花，花呈钟状，淡黄绿色，下垂。主产地为四川，邮票画面上即为川贝母。此外，还有东北产的平贝母，浙江产的浙贝母，新疆产的伊贝母等等。贝母性味苦、凉、甘，为止咳化痰、清热散结药，临床主要用于痰咳、咯血、瘰疬、痈呻等症。

乌头

图6-3【乌头】为多年生毛茛科草本植物。有块根，茎直立，叶片呈五角形，三全裂，侧裂片又二裂，各裂片有分裂，有粗锯齿。秋季开花，总状圆锥花序，被卷曲细毛。花瓣退化。萼片呈花瓣状，青紫色，上方呈一片盔状。其主根称

乌头，侧根称附子，均可入药。主产地四川。它与贝母、栝蒌、半夏、白芨、白蔹等五味药药性相反。历代医书记载："本性明言十八反，半蒌贝蔹芨攻乌"，即指此。乌头性味辛热、有大毒，为温经散寒止痛药，临床用于风寒湿痹、寒疝腹痛等症。近年来，又配合活血化瘀等方法，用于治疗冠状动脉硬化性心脏病，亦有一定效果。

图6-4【百合】为多年生百合科草本植物。早春开花，种类繁多，约有80多种。百合以其吉祥富贵的花形，绚丽多变的花姿，沁人心脾的芳香，成为世界各地的观赏植物。花色有白、淡紫，纯白色不多见，其中最有名的是原产我国台湾的麝香百合。我国的湖南、浙江、江苏、安徽等地，也都生产百合花。百合性味甘、苦、微寒，有润肺止咳、清心安神之功能，临床用于治疗肺痨久咳、虚烦惊悸等症。尤其是对患热病后余热未清而造成的虚烦、精神恍惚有特殊功效。汉代医籍《金匮要略》记载了伤寒热性病的后遗症——百合病，就是因百合一药便可治疗这

百合

天南星

种病，于是便以药为其命名了。其鳞茎尚可制取淀粉。

图6-5【天南星】又名南星、虎掌草。为多年生有毒草本植物。地下茎球形。掌状复叶，小叶披针形，故名“虎掌草”。又因其顶生多瓣，如星状，故名“天南星”，夏季开花，肉穗花序，外包紫色或绿色的佛焰苞。浆果数量多，成熟时为鲜红色。主要产于我国广西、云南、贵州、四川和华北各地。以其球茎入药，性味苦、辛、温、有毒，有祛风化痰、消肿散结之功能，临床用于治疗半身不遂、口眼斜歪、风痰癫痫等症。还可外敷痈肿。鳞茎亦可制取淀粉，供食用。

图6-6【芍药】又名没骨花、余容、犁食、梦尾春、黑牵夷等，为多年生毛茛科草本植物。《本草纲目》称：“芍药犹绰约也，美好貌。此草在容绰绚，故以为名。”高60～80厘米。块根为圆柱形或纺锤形。初夏开花，大型，美丽，有白、红等色。产于我国陕西、山西、河北、内蒙古及东北各地，俄罗斯西伯利

芍药

亚也有栽培。芍药在中药上分白芍、赤芍两种。其分类标准并不在于花的颜色，而是说人工栽培的芍药根加工后为白芍，而野生的芍药根洗净后为赤芍。芍药性味苦、酸、微寒。有养血敛阴、柔肝止痛之功能，临床上用于治疗手足拘挛、头晕头痛、跌打损伤、月经不调等症。芍药在药理上的作用十分广泛，无论古今，经方验方，白芍都是不可缺少的一味中药。

小型张【鸢尾】又名乌鸢、扁竹、蓝蝴蝶，它是一个花族的总称，包括玉蝉花、蓝蝴蝶、燕子花、溪荪花等。均为多年生草本植物。花葶自叶丛中抽出，顶生花数朵。花漏斗形，叶剑形。花有蓝、紫、白、黄等色，大而美。主要产于我国两广、川贵等地。鸢尾性味苦、辛、寒、有微毒。有活血化瘀之功能，用于外科的跌打损伤、癥瘕积聚、痈疖肿毒等症。画面上的鸢尾花叶繁茂，形态美丽，如群蝶起舞，灿烂多姿。

鸢尾

月季花

发行日期：1984. 4. 20

6-1

6-2

6-3

6-4

（T. 93）

6-5

6-6

（T. 93）

6-1上海之春	4分	689.76万枚
6-2浦江朝霞	8分	1 016.26万枚
6-3珍珠	8分	1 034.26万枚
6-4黑旋风	10分	664.76万枚
6-5战地黄花	20分	677.76万枚
6-6青凤	70分	550.26万枚

邮票规格：31 mm × 38.5 mm

齿孔度数：11.5度

整张枚数：50枚

版　别：影写版

设计者：孙传哲

印刷厂：北京邮票厂

全套面值：1.20元

知识百花园

新中国成立后，党和国家对园艺事业十分重视，许多公园建立了培植月季的专业队伍，成立花会，举办展览，开展科研，加快开发，在恢复中国月季传统种类的同时，不断创造出新的品种，为祖国的花卉事业锦上添花。这套《月季花》特种邮票中的6个名贵品种均为国内所培育。

邮票解析

图6-1【上海之春】1979年由上海周圣希用西洋月季“水仙花”作母本，“白骑士”为父本杂交培育而成。花呈淡橘黄色，花瓣面上像蒙着一层白色的轻纱薄雾，清雅宜人，有甜香味，生长强壮，对黑斑病有一定的抵抗力，超过了它们的双亲。

图6-2【浦江朝霞】1980年由上海毛洪元用“露丝美”作母本、“自由之神”为父本杂交培育而成。花色正面血红，背面深红和母本相似，枝叶也和母本大体一

月季

样，但花色更为鲜艳美丽并带有金光，能抗曝晒，勤花耐开。它和“上海之春”均属于杂交茶香月季系，是中国茶香月季和中国月月红的后裔。

图6-3【珍珠】1982年由上海周圣希用“爱克司夫人”作母本、“间奏曲”为父本杂交培育而成。花朵为罕见的灰白色，中间淡黄，瓣尖有淡紫晕，并有其独特的珍珠辉光。花型美丽别致，香味清雅。虽在夏天开放时间持久，但始终不露芯。

图6-4【黑旋风】1963年由杭州花圃用“墨红”作母本、“白克拉”为父本杂交培育而成。花朵黑红有绒光，无香味，花瓣可多达90瓣，显得极为庄重、典雅、高贵。

图6-5【战地黄花】1963年由杭州花圃用“伊丽莎白女皇”作母本、“黄金节枝”为父本杂交培育而成。花开淡黄，全部开放后有红晕，香味浓郁，花姿素雅，极具清淡圣洁之美。

图6-6【青凤】1984年由上海周圣希用“爱克司夫人”作母本、“间奏曲”为父本杂交培育而成。因与“珍珠”为同一父母本在不同年份分别培育而成，所以二者为姊妹花。其花朵呈青莲色，四季常开，花形美丽动人。由于色调阴冷素净，故以《聊斋志异》中的“青凤”名之。

集邮小知识

世界上最先发行的航空邮票

世界上最早发行航空邮票的国家是意大利，是在一种红色25分快信邮票上加盖“Esperimento Posta Aerea Meggio1917，Torino-Roma-Roma-Torino”字样意思是“航邮试行，1917年5月，都灵—罗马—罗马—都灵”，共发行了20万枚。

世界上正式发行第一套航空邮票的是美国，1918年5月13日为了纪念民航开航而发行，航路是华盛顿—费城—纽约；全套3枚，面值为6美分、16美分和24美分；图案是飞翔中的双翼飞机，这是世界上第一套以飞机为图案的航空邮票。在这套邮票中，面值为24美分的那一枚，曾经发现了有一版（100枚）是中心倒印的邮票，因而成为著名的世界珍邮。

梅花

发行日期：1985. 4. 5

6-1

6-2

6-3

6-4

6-5

6-6

（T. 103）

（T. 103 小型张）

6-1绿萼	8分	1 262.51万枚
6-2垂枝	8分	1 397.16万枚
6-3龙游	8分	1 391.91万枚
6-4朱砂	10分	1 053.56万枚
6-5洒金	20分	995.71万枚
6-6杏梅	80分	1 028.21万枚
小型张　台阁、凝馨	2元	291.48万枚

邮票规格：27 mm × 60 mm

小型张规格：130 mm × 70 mm，其中邮票尺寸：93 mm × 52 mm

齿孔度数：11度

整张枚数：35枚

版　别：影写版

设计者：程传理

印刷厂：北京邮票厂

全套面值：1.34元

小型张面值：2.00元

知识百花园

这套《梅花》特种邮票的7幅图案上的8种梅花，均为北京林学院园林系主任、梅花专家陈俊愉教授，从我国众多梅花品种中选出来的最具代表性的品种。设计者采用中国传统重彩画法，展现我国梅花的独特风貌。

邮票解析

图6-1【绿萼】属真梅系直脚梅类。以枝条自然向上而得名。花白色，透绿光，素雅洁净，香味极浓。尤以四川成都的“金钱绿萼”为上品。花瓣多至50～60片以上。

图6-2【垂枝】属真梅系垂枝梅类。以枝条自然下垂而得名，花蕾多数向下生长。民国时黄岳渊曾在上海新纪元出版社出版的《花经》中记道：“垂枝梅梅如垂柳，品种繁多，凡经余所手植约60余种，其中以浓红单瓣、色艳丽而香馥郁最名贵。若接植于老梅之上，红颜铁骨，颇饶雅趣。”邮票画面上的这枝梅花即属此类。在武汉东湖磨山梅园，便有此种垂枝梅多株。

图6-3【龙游】属真梅系龙游梅类。以枝条自然扭曲如龙游而得名。至今只有

梅花

这一个品种。花白色复瓣，有浓香，易结实，是梅中佼佼者。邮票画面即是一枝龙游梅，铁干虬枝，枝条扭曲，极有特色。

图6-4【朱砂】属真梅系中直脚梅类。花紫红色，花朵繁茂，花蕾丰满厚实，富有弹性。枝条向上，为花瓣所簇拥，给人以富丽华贵之感觉。

图6-5【洒金】属真梅系直脚梅类。它在同一花枝上，往往开出3至4种颜色的花朵。除有白花、红花外，还有红白相间的花，或在白色花瓣上呈现出浅黄色条纹或斑点，洋洋洒洒，如金光万道或金星点点，是很有特色的一种梅花。

图6-6【杏梅】属杏梅系杏梅类。花期晚，耐寒性强。花呈“杏花型”，其枝、花、叶均似杏，故此得名。目前此系中仅此一种梅。邮票画面上这枝杏梅，枝干向上挺拔，花色粉红，有幽香，生机勃勃。

小型张【台阁、凝馨】这两种梅花，均属真梅系中的直脚梅类。台阁花朵较大，紫红色，其特点是在盛开的花朵中心，往往又生出一个柔嫩的花蕾，犹如母亲怀抱婴儿，富有人间情趣。凝馨花白色，朵较丰满，有富贵感，幽香扑鼻，气息温馨。它们均是直脚类梅花中的代表品种。

梅花

梅花

珍稀濒危木兰科植物

发行日期：1986. 9. 23

3-1

3-2 3-3

（T. 111）

（T. 111 小型张）

3-1圆叶玉兰	8分	1 237.15万枚
3-2巴东木莲	8分	1 200.65万枚
3-3长蕊木兰	70分	744.15万枚
小型张　大果木莲与华盖木	2元	420.28万枚

邮票规格：40 mm × 30 mm

小型张规格：132 mm × 70 mm，其中邮票尺寸：62 mm × 52 mm

齿孔度数：11 × 11.5度、（M）11.5度

整张枚数：50枚

版　别：影写版

设计者：赵秀焕

印刷厂：北京邮票厂

全套面值：0.86元

小型张面值：2.00元

知识百花园

木兰科植物在被子植物中比较特殊，它们有的为常绿大乔木，高达数10米；有的为落叶小乔木，树高几米；有的为灌木，不足1米。体态相差悬殊，变化较大，从外观上看，很难相信这些植物同属一科。因此，它们对于植物分类学研究具有重要意义。木兰科的花朵色彩淡雅，姿态飘逸。叶子形状端庄，碧绿清秀且幽香扑鼻，深为人喜，是驰名世界的树种。它不仅可以用来美化、绿化环境，还可提供优质木材，其花可提炼香料，花蕾及根、叶可入药，李时珍在《本草纲目》中便有记载。也正是因其用途广泛，所以在原始森林中，木兰科植物多遭砍伐，至今多数种类面临濒危，有的种类已经灭绝，被世界公认为珍稀濒危植物。因此，急需极力保护。

邮电部为此发行了这套《珍稀濒危木兰科植物》特种邮票，4幅图案中的5种植物均在已濒绝迹的木兰科植物中具有代表性。

邮票解析

圆叶玉兰

图3-1【圆叶玉兰】为落叶小乔木。叶倒卵状，长椭圆形。早春先叶开花，花大形，纯白、盘状，芳香，直径8～12厘米，与分布在我国东北及朝鲜、日本的天女花相似，外观也是长花梗而下垂。微风吹动，飘逸多姿，宛如天女凌空散花，为极美丽的观赏树种。果实为聚合的蓇葖，呈球果状。它的分布区域狭小，仅见于四川汶川县和芦山县海拔2 000～2 600米的树林中。邮票画面背景为冷色调的淡蓝色，以使其火红的花蕊更为醒目传神。

巴东木莲

图3-2【巴东木莲】为常绿乔木。叶革质，长椭圆形，全绿。初夏开花，花单生枝顶，白色，芳香，似玉兰而花被较狭。直径8～11厘米。果实为聚合的蓇荚，呈球果状，卵圆形，可供药用。其枝繁叶茂，树形优美，是理想的风景绿化树种。产区极狭窄，是木莲属中的10多个品种中分布最北的树种。现间断分布在湖北西部、湖南西北部及四川南部海拔1 000～1 500米的树林中。巴东木莲是保持当地森林生态平衡的优势树种。木材纹理直，易加工，可供建筑、家具、乐器等细木制造之用。邮票画面背景为冷色调的淡绿色，衬托出其俏丽的花朵更加晶莹如玉。

长蕊木兰

图3-3【长蕊木兰】为落叶小乔木。叶倒卵状，长椭圆形。早春先叶开花，洁白，芳香，直径10～12厘米，亦有球果状果实。本种为单种属，最初发现于喜马拉雅山南坡，为海拔1 800～2 700米山林中的珍稀树种。现零星分布

于我国西南部及不丹、印度东北部阿萨姆、缅甸北部及越南北部。树干通直，木质优良，为产区造林及城乡庭园绿化树种。同时，对研究喜马拉雅山和我国及中南半岛的植物区系、植物分类学系统均有较高价值。邮票画面背景为淡紫色，使树形及枝叶花朵更显文雅、潇洒。

小型张【大果木莲与华盖木】大果木莲花朵外部为深红色，内里嫩黄，极其艳丽，有微香，直径12～14厘米，是木兰科植物中的佼佼者。特产于云南麻栗坡县、马关县和广西靖西县、那坡县等与越南接壤的海拔800～1 500米的原始森林中。1940年发现大果木莲的果实标本，但直到1982年才采到花。其木材纹理细致、耐腐、耐水湿、不受虫蛀、为优良木材。树冠宽广，叶大浓绿，可供南方造林绿化之用。华盖木花朵外部粉红，内里纯白色，有芳香，直径10～12厘米，亦十分美丽。树高40余米，直径1.2米，为覆盖森林上层的优势树种。树干通直圆满，基部具板根。华盖木为我国特产，现仅存5株于云南西畴县法斗原始森林中，是稀世之珍。木材有丝绢光泽，为工艺精品及高级家具用材。小型张画面左为大果木莲，右为华盖木，背景采用淡黄的暖色调，突出了这两种花卉的雍容华贵和珍稀。

华盖木

集邮小知识

护邮袋

护邮袋是透明材料制品，用它存放邮票既便于随时观赏又可保护邮票。早期护邮袋使用透明纸折成。近年来，改用高分子材料聚酯薄膜制作。它正面透明，底面有透明、深绿、黑色等几种，底面有刷背胶与无背胶两种。护邮袋的规格有袋状的，也有夹片式的，尺寸也有多种，集邮者可根据邮品的大小选用与裁切。裁切前，应先将邮品夹在其中试一下，四周应大于邮票1～2毫米。裁切时要使用锋利的裁纸刀，用直尺量好按紧，用力一次裁下。有条件的用小型裁刀裁切最理想。

中国兰花

发行日期：1988. 12. 25

4-1　　4-2

4-3　　4-4

（T. 129）

4-1龙字	8分	1 001. 05万枚
4-2大一品	10分	1 001. 05万枚
4-3银边墨兰	20分	1 001. 05万枚
4-4大凤尾	50分	1 001. 05万枚
小型张　红莲瓣	2元	466. 50万枚

邮票规格：60 mm × 27 mm

小型张规格：120 mm × 85 mm，其中邮票尺寸：60 mm × 40 mm

齿孔度数：11度、（M）11.5 × 11度

整张枚数：20枚（4枚竖式联印）

（T. 129 小型张）

版　别：胶版、（M）影写版

设计者：龚文桢

印刷厂：北京邮票厂

全套面值：0.88元

小型张面值：2.00元

知识百花园

兰花是兰科植物中的名花，以其修长的叶片和浓郁的馨香为人们所钟爱，古人誉之为“香祖”和“王者香草”。它也是世界上种类最繁多的花卉之一，据统计，全世界兰花品种大约有2.5万多个。它分为气生兰和地生兰两大类。气生兰产于热带，在亚洲、大洋洲的热带地区，美洲中部的亚马逊河流域以及非洲的干热森林里，均有大量分布，其中仅哥伦比亚和巴布亚新几内亚就有约3 000多个品种。在我国的海南岛也有栽植。我国的兰花大多为地生兰，为兰科兰属。野生兰花多生长在长江以南，尤以福建、云南、广东、广西等地为多。

这套《中国兰花》邮票的设计者在中国科学院植物研究所吴应祥教授的指导下，选取了形态各异、最有代表性的5个珍贵品种作为图案。邮票画面上历代名人的咏兰诗均由我国著名书法家、人民美术出版社的沈鹏题写。书画相映，自成雅趣。

邮票解析

龙字

图4-1【龙字】为春兰中水仙瓣类的名花之一。春兰又称草兰、山兰、朵朵香。通常1茎1朵兰，偶见2朵花。花有淡绿、绿、黄绿、红、白等色。花期为2～4月，花味甚香。产于黄河以南及长江流域，日本和朝鲜南部也有。古代所指的“兰”即为此种。长江下流的江浙一带栽培较集中，是许多优良品种的发源地。“龙字”便是清朝嘉庆年间出自浙江余姚城郊高庙头一带。春兰现存的优良品种，有荷瓣类的郑同荷、张荷素、绿云、翠盖荷、如意素等；梅瓣类的宋梅、西神梅、逸品、天章梅、集园、蔡素梅、元吉梅、玉梅素等；水仙瓣类除龙字外，还有汪字、翠一品、蔡仙素、后集园、宜春仙等。邮票画面上有诗句“春兰如美人，不采羞自献。时闻风露香，蓬艾深不见”。选自我国北宋时期著名文学家、书画家苏轼的《题杨次公春兰》一诗中的前4句。苏

集邮小知识

美国铁制烛台倒印邮票的故事

1979年，美国发行了文物系列邮票，面值为一元的图案是一架垦荒时期常见的铁制烛台。烛台上面插着一支烛火直立的灯草芯蜡头。不久发现了100枚左右的整个主图倒印的变体票。世界上的好多珍邮都是儿童发现的，这次的倒印邮票却是成人发现的。一名中央情报局的雇员买回一版邮票寄发工作信件，开始谁也没有发现邮票有什么异样，已经寄出去了9封。突然一名同事无意中发现了邮票中的烛台印倒了，他们大喜过望，9个在场的同事每人留下一枚，其余85枚秘密卖给了邮商。邮商在考证邮票的真实性的过程中，透漏出了邮票的来源。因为买邮票的钱出自公款，又是在工作时间去邮局购入的，所得收入不应归个人所有，中央情报局的领导让这些雇员交出私分的邮票和所得的收入。有5人对上级的调查持合作态度，交出了私留的邮票，受到纪律处分，其余4位抗拒者遭到了解雇的命运。

大一品

轼（1037～1101），字子瞻，号东坡居士，眉州眉山（今四川眉山）人。他学识渊博，为“唐宋八大家”之一。其诗清新雄放，善用夸张比喻，独具风格；其词豪气四溢，开“豪放”一派，尤以《念奴娇·赤壁怀古》为代表。长于行书、楷书，与蔡襄、黄庭坚、米芾并称“宋四家”。诗文有《东坡七集》等。邮票上的诗句用比喻的手法赞誉兰花的娇羞风姿，用对比的手法烘托兰花的清香芬芳。

图4-2【大一品】为蕙兰中荷瓣类的名花之一。蕙兰，又称九节兰、夏兰，即古书上所说的“蕙”。一茎开花6～12朵，花期为4～5月，气味清淡芳香。产于黄河以南及长江流域。“大一品”原产在浙江富阳县境内富春江两岸的深山幽谷中。蕙兰现存的著名品种主要为：荷瓣类除大一品外，还有荷顶、金奠素、和字、荡字、大绿荷等；梅瓣类有极品、庆华梅、解佩梅、上海梅、端梅、程梅、江南新极品等；水仙瓣类有温州素、大陈字、华字、仙绿等。邮票画面上有诗“香逾淡处偏成蜜，色到真时欲化云”两句，选自清朝文人、书法家何绍基的《素心兰》一诗。何绍基（1799～1873），字子贞，号东洲，晚号蝯叟，湖南道县人。道光进士，官编修，曾任国史馆总纂。通经史。其诗内容多写个人日常生活或题咏金石书画。擅长书法，自成一家，草书尤为一代之冠。著有《说文段注驳正》、《东洲草堂诗集》等。

大凤尾

图4-3【银边墨兰】是墨兰中的一个珍贵品种。墨兰又称报春兰。叶片长而宽，有光泽，浓绿色。花莛直立，有花7～15朵，气味

芳香。花期为1～3月。产于华南及西南，中南半岛及缅甸也有。常见栽培品种有江南企剑、南靖墨、仙殿白墨、软剑白墨等。邮票画面上的诗为“日丽参差影，风传轻重香。会须君子折，佩里作芬芳”，选自唐太宗李世民《芳兰》一诗的后四句。李世民（599～649），唐朝皇帝，写有不少好诗，有《三层阁上置音色》、《远山澄碧雾》、《春池柳》、《咏饮马》、《赋得残菊》等。邮票所选诗句的意思是：在丽日的映照下，兰花摇曳着它那婀娜多姿的身影；清风吹过，送来兰花那时浓时淡的香气；正人君子喜爱兰花那高洁的气质，将它折下佩在身上当饰物，并以此自喻。这里，李世民援引了战国诗人屈原在《离骚》中所写的“扈江离与辟芷兮，纫秋兰以为佩”这两句诗的意境。

图4-4【大凤尾】为建兰中的一个贵重品种。建兰又称秋蕙、雄兰。叶片光亮，较宽。花莛直立，一茎5～12朵花，花期为7～10月，气味芳香。产于华南和西南，东南亚及印度也有。常见栽培品种还有四季兰、素心、荷花素、龙岩素、铁骨素、金丝马尾等。邮票画面上有四句诗“泛露光偏乱，含风影自斜。俗人那解此，看叶胜看花”，选自明代文学家张羽的《兰室五咏》（其四）一诗。张羽（1323～1385），字来仪，后改字附凤。祖籍浔阳（今江西九江市），从文宦游江浙，后迁居吴（今江苏苏州市）。文、诗、画皆有名，尤以诗见长。明初吴地多诗人，他与高启、杨基、徐卉并称“吴中四杰”。著有《静居集》。《兰室五咏》（其四）一诗，分别描写兰之香、根、芽、叶、花。邮票所选的4句是描写兰之叶的。

小型张【红莲瓣】莲瓣类兰花是近年来新发现和开发的品系。集中产在滇西和滇西北地区“三江六岸”（金沙江、澜沧江、怒江）的高山峡谷之中，现散见于丽江、六库、大

红莲瓣

理养兰户家中。它们冬末春初开花，香味清醇，花期长，花瓣椭圆形，脉纹明显，似荷花。唇瓣有U型或V型红斑（素花无杂色）；叶健壮柔美，叶宽半指或1/3指，叶缘有锯齿；根系发达，耐寒耐旱，为滇兰名品中最有前途的家族。而“红莲瓣”则是莲瓣类兰花的一种，按颜色又可分为“素心”、“腥红”、“胭脂”、“粉红”、“朱砂”等，其中的“红莲瓣素”，花大色艳，叶挺齿深，为滇兰名品中的绝品。小型张的边饰为大理石云纹，其寓意在于告诉人们，红莲瓣的故乡就在云南白州大理。在装饰幽雅的大理石云纹之中，书写着朱德的《咏兰展》（之三）：“幽兰吐秀乔林下，仍自盘根众草傍。纵使无人见欣赏，怡然得地自含芳。”朱德（1880～1976），字玉阶，四川仪陇人。伟大的无产阶级革命家、军事家。朱德一生最爱兰花。他生前曾栽种了不少名贵的兰花品种，并写了大量的咏兰诗词。《咏兰展》一诗是1962年1月朱德在中山公园观看兰花展览后所作。诗中描述幽兰所处的生态环境虽不引人注目，但它却以其脱俗、高洁的品质，独自含笑芬芳。

集邮小知识

影响邮票品相的因素

常见的影响邮票品相的因素有以下几种：

破损。在撕邮票时用力过猛，把邮票边缘撕破（在分撕邮票时，照齿孔多折几次，用力要均匀，不宜过猛）。

折痕。在用镊子夹取邮票时，用力不均，造成折痕。信销票的折痕大多数是因为贴票时或在信件传递过程中受折而出现的（一般的软折痕用水浸泡后重新压平，可以消除）。

齿孔不全。齿孔短缺，有部分漏齿、缺齿、断齿。

揭薄。在揭取邮票时，由于浸泡不透，造成票背纸质受伤变薄或揭成两层。

擦伤。信件在邮递过程中，邮票画面被磨损。

霉点。邮票受潮或背胶变质引起发霉，形成霉点或黑色斑点。

墨渍。墨水或墨汁被弄到邮票上。

油墨过浓。盖戳时油墨过浓，使邮票图案弄得模糊不清。

指纹。用手拿取邮票时，手指上的油渍或汗液弄脏了画面。

褪色。邮票长时间受灯光或太阳光照射，使原刷色褪色或变色。

水仙花

发行日期：1990. 2. 10

4-1

4-2

4-3

4-4

（T. 147）

4-1金盏银台	8分	2 211.15万枚
4-2千瓣素影	20分	2 060.40万枚
4-3瀑布迎春	30分	2 121.65万枚
4-4玉蕊满堂	1.60元	1 872.90万枚

邮票规格：30 mm×40 mm

齿孔度数：11.5×11度

整张枚数：50枚

版　别：影写版

设计者：万维生

印刷厂：北京邮票厂

全套面值：2.18元

知识百花园

水仙花俗称“天葱”、“雅蒜”、“俪兰”，又叫“姚女花”、“女史花”、“恋影花”及“凌波仙子”等。在植物学上，它为石蒜科水仙属，多年生宿

水仙

水仙

根草本植物。

全世界有水仙花属植物30多种，距今1 200多年前由意大利传入中国。现产地遍及福建、湖北、湖南、江苏、浙江、四川等省。据《花史》记载：水仙“原产武当山区”，唐宋时武当山的水仙花已达鼎盛。明永乐年间传到福建沿海地区，直到清康熙年间漳州才成为水仙花的主要产地。漳州地处九龙江下游，土带沙质，气候湿润，树林遮阴，极为适合水仙花的生长，因而博得了“天下水仙数漳州”之盛名，使当地的水仙花成为传统的出口创汇花卉。另外，上海崇明水仙也较出名，但鳞茎较小，花葶少，香味淡。近年来新开发的浙江舟山水仙，又称“普陀水仙”，其形态特征接近崇明水仙。还有与舟山水仙同期被开发的福建平潭水仙，葶多，花香，可谓中国水仙的后起之秀。

水仙花具有观赏价值。其栽培技术简单，花株茂盛，花期较长。在观赏栽培中，温度、湿度和光照应根据水养地点、月份及赏花期等情况灵活掌握。通常元旦赏花，需提前38至40天水养；春节赏花，需提前24至26天水养；而元宵节赏花，只需提前20天左右水养。同一时期栽培水养，因环境条件不同，开花所需的

集邮小知识

第五届世界学生代表大会纪念邮票

1958年9月4日至13日，国际学联第五届代表大会在我国首都北京召开。为纪念此次大会，邮电部于8月21日发布通令，于9月1日发行“第五届世界学生代表大会”纪念邮票。全套2枚，面值为8分玫瑰色，22分绿色，图案相同，均为国际学生联合会会徽和阿拉伯数字“5”组成，由刘硕仁设计。因大会临时改名为“国际学联第五届代表大会”，邮电部于8月28日发出急电，通知停售并撤回已发给各地的该套邮票。随后通知于9月4日大会开幕的当天，正式发行名为“国际学联第五届代表大会”纪念邮票。这套邮票除名称不同外，编号、枚数、面值、图案、颜色等均与撤回的邮票相同。

由于北京、山西、安徽、青海、辽宁、内蒙古等地违反规定，提前发售“第五届世界学生代表大会”邮票，故使这套没有发行的邮票流市，数量达千枚。1989年5月，香港布约翰公司拍卖会上，纪54错名的全套票，底价为14 000港元。1999年8月，太平洋邮票拍卖公司曾有一枚22分新票付拍，估价80万至100万元人民币。

天数也不同。

这套《水仙花》邮票恰值元宵佳节发行，为这一传统民间节日平添喜庆色彩。

邮票解析

图4-1【金盏银台】是对花形的特写。主要描绘水仙花排列如盘的白色花被与金黄色的盏形副冠。

图4-2【千瓣素影】主要表现水仙花名品“玉玲珑”在青翠叶丛衬托下满枝怒放、冰肌玉质、清丽迷人的风韵。

图4-3【瀑布迎春】主要表现水仙的艺术美。那如雕如塑的叶、茎，雪白晶莹似瀑布流动的花根，隐隐约约的盆具、卵石、清水，与繁花相得益彰。

图4-4【玉蕊满堂】为盆景造型。通过对水仙根块的雕刻，从鳞茎中生出数枚青翠修长的叶片，簇拥着几十朵洁白一片的鲜花，展示出水仙花那亭亭玉立、挺粹含娟的秀美身姿。

杜鹃花

发行日期：1991. 6. 25

8-1

8-2

8-3

8-4

（T. 162）

8-5

8-6

8-7

8-8

（T. 162）

8-1马缨杜鹃	10分	3 242.45万枚
8-2黄杜鹃	15分	3 332.95万枚
8-3映山红	20分	3 369.70万枚
8-4棕背杜鹃	20分	3 220.70万枚
8-5凝毛杜鹃	50分	3 256.70万枚
8-6云锦杜鹃	80分	1 883.95万枚

（T. 162 小型张）

8-7大树杜鹃	90分	1 904.70万枚
8-8大王杜鹃	1.60元	1 894.20万枚
小型张　黄杯杜鹃	5元	930.70万枚

邮票规格：（1～4图）40 mm × 30 mm、（5～8图）30 mm × 40 mm

小型张规格：135 mm × 90 mm，其中邮票尺寸：80 mm × 40 mm

齿孔度数：12度

整张枚数：50枚

版　别：胶版

设计者：曾孝濂

印刷厂：北京邮票厂

全套面值：4.45元

小型张面值：5.00元

知识百花园

杜鹃花又名映山红、山石榴、红踯躅，为杜鹃花科杜鹃属。全世界约有850多种杜鹃花，多为灌木或小乔木。由于其种类繁多，生态环境不同，因此形成了各自的生活习性和外形。最小的匍匐杜鹃植株只有几厘米高，贴地而生，而最大的大树杜鹃竟高达20多米，巍然挺立。杜鹃花分为落叶和常绿两大类，落叶类的叶片较小，常绿类的有些叶片硕大，最长的可超过30厘米。常绿类的大叶杜鹃花是最珍贵的品种。

这套《杜鹃花》特种邮票选取的是我国杜鹃花中的名贵品种。设计者采用中国花鸟画中折枝的形式构图，花叶的轮廓以中国工笔画的技法用墨线勾勒，在着色上又运用西洋画的明暗对比方法，使画面层次分明、富有立体感，较好地反映出杜鹃花的风貌。

邮票解析

图8-1【马缨杜鹃】为常绿小乔木，高3～17米。花冠深红色，内有紫色斑点，花期为3～5月。分布在云南全省及贵州西部，生长于海拔1 200～3 200米的常绿阔叶林或云南松林下。马缨花红艳欲滴，在万绿丛中尤为璀璨夺目，极受人喜爱。

杜鹃

杜鹃

图8-2【黄杜鹃】古称“羊踯躅”、“闹羊花”。为落叶灌木，高0.5～2米。花冠为杏黄或金黄色，内有红色或淡绿色斑点，花期为4～6月。分布在江苏、浙江、安徽、江西、湖北、湖南、福建、广东、贵州等省，生长于海拔200～2 000米的山坡灌木丛中。昆明有栽培，供观赏。全株有剧毒，可入药制作麻醉剂、杀虫剂或农药。早在南北朝的梁代，陶弘景在《本草经集注》中曾记载：“羊食其叶，踯躅而死。”明代李时珍在《本草纲目》中也对其性味、功能作了详细的记述。黄杜鹃为我

国特产，颇为珍贵。

杜鹃

图8-3【映山红】为落叶或半常绿灌木，高1～2米。花冠为鲜红、朱红或深红色，内有深红色斑点，花期为3～5月。分布在江苏、浙江、安徽、江西、湖北、湖南、广东、福建、贵州等省，生长于海拔1 000～2 400米的山坡灌木丛中。映山红是各地广为栽培的庭园树种。清朝末年由英国引种，后传播到世界各地，并以它为亲本与其他种类杂交，培育成了花色品种繁多的“西洋杜鹃”。

图8-4【棕背杜鹃】为常绿小乔木，高5～15米，因叶背面有棕色绒毛，故名。花冠为白色至浅粉红色，基部有红色斑点，花期为5～6月。分布在云南大理、洱源、丽江、维西、德钦等县市和四川木里县，生长于海拔2 800～3 700米的针叶林下。它是我国特有品种，已被列为国家三级重点保护植物。

杜鹃

杜鹃

图8-5【凝毛杜鹃】为常绿灌木或乔木，高2～7米。花冠白色至粉红色，内面有红色斑点，花期为5～6月。分布在四川木里县及云南丽江、维西、中甸、德钦县和西藏东南部，生长在海拔3 200～4 200米的高山针叶林下或自成群落。

图8-6【云锦杜鹃】为常绿灌木或小乔木，高2～4米。花冠白色至粉红色，花期为4～5月。分布在浙江、江西、安徽、湖南、贵州等省，昆明市有栽培，生长于海拔100～1 600米的山坡树林中。每到花开时节，满树白中透红的花朵，好似天边的彩云，故名“云锦杜鹃”。

杜鹃

杜鹃

图8-7【大树杜鹃】为常绿大乔木，高可达28米，直径3米多，是世界上最高大、寿命最长（树龄约600年）的杜鹃花，堪称“杜鹃之王”。花期为2～3月。只产于我国云南省腾冲县界头乡大塘村大河头以北高黎贡山，生长在海拔2 200～2 400米的常绿阔叶林中。

杜鹃

1919年，英国人傅礼士锯去一棵大树基部作为圆盘形大标本，拿到伦敦皇家大英博物馆展出，曾轰动了全球植物界。1981年我国植物学家冯国楣带领助手，历尽千辛万苦，终于在高黎贡山西坡的雨林深处，发现了大树杜鹃。在那里的原始森林中至今仍有800多棵，其中直径在1米以上的就有30多棵，树龄均在500年以上。大树杜鹃的叶很大，长达24～34厘米。花冠为洋红色，基部有8个深红色的蜜腺囊。大树杜鹃是我国珍贵的树种，已被列为国家二级重点保护植物。

图8-8【大王杜鹃】为常绿乔木，高3～7米。花冠为粉红色至蔷薇色，基部有深红色斑点，花期为4～5月。分布在云南的巧家、景东、大姚、禄劝等县和四川西南部，生长于海拔2 500～3 100米的常绿阔叶林或高山针叶林中。为我国特有，已被列为国家三级重点保护植物。

小型张【黄杯杜鹃】为常绿灌木或小乔木，高1～6米。花冠鲜黄色或柠檬黄色，花蕾朱红色，花期为5～6月。分布在云南德钦、丽江、中甸、维西等县、四川南部及西藏东南部，生长于海拔3 000～4 400米的云杉和冷杉林下。它以花色素雅洁净博得人们的青睐，是著名的观赏树种。

杜鹃

杉树（T）

发行日期：1992. 3. 10

4-1 4-2 4-3 4-4

（1992-3）

4-1水杉	20分	4 179.7万枚
4-2银杉	30分	2 756.7万枚
4-3秃杉	50分	2 869.7万枚
4-4百山祖冷杉	80分	2 611.7万枚

邮票规格：31 mm × 52 mm

齿孔度数：12度

整张枚数：40枚

版　别：胶版

设计者：曾孝濂

印刷厂：北京邮票厂

全套面值：1.80元

知识百花园

保护物种是保护生物多样性的重要一环，它直接关系到人类的生存和发展。因此，邮电部发行的这套《杉树》特种邮票，对于丰富人们的植物知识和增强环境意识，有着现实意义。4枚邮票的画面布局均采取了“整体与局部兼顾、远近虚实相宜”的方针，设计者首先抓住球果这个裸子植物的共同点及杉树的主要特征，把它作为近景放在主要部位，而且在共同之中又准确地描绘出它们各自的形状、种鳞的数量、排列方式以及叶片的不同分布形态，且又画得很真实、很具体，色彩也趋于实际。在这些画面主体的后面，是作为远景的杉树的整体形态，突出了不同树种的特点，抓住了树木的典型姿态，反映出大树和幼株的区别。运用朦胧的青灰色大树去衬托赭褐色的球果，即用虚幻而概括的远景，衬托实在而具体的近景，使全套邮票“具有一种素雅宁静的气氛”，实现了“师法自然、对景写生”的初衷，不啻是1套佳作，耐人寻味。这套邮票3月10日发行，而有趣的是，两天后，即3月12日，台湾亦发行了包括台湾杉、峦大杉两枚杉树在内的“森林资源”邮票，且构图也极为巧合，均为远景树形、近景球果特写。

邮票解析

图4-1【水杉】落叶大乔木，是特产于我国的杉科单种属植物。高35米，胸径2.5米。叶子为扁平的条形，长13～20毫米，交互对生成两列，羽状。球果下垂，呈四棱球形或圆筒形，长18～25毫米，种鳞交互对生，木质，通常为22～28个。20世纪40年代，由我国林业学家干铎教授在川鄂交界的磨刀溪（又名“谋道溪”）发现，1948年经胡先骕、郑万钧两教授研究定名。由于这类植物在中生代白垩纪及新生代曾广布于北半球，而在第四纪冰期以后，其同属的其他种类已全部灭绝，故“活化

水杉

银杉

秃杉

石”水杉的发现被认为是当代植物界的重大发现之一。据调查，在湖北、四川、湖南三省毗邻的利川、石柱、龙山三市、县的某些地区保存有水杉古树，自然群落仅见于利川市水杉县。水杉现已普遍栽培，为国内外常见的园林树种。其木材轻软，可供建筑、制器具和造纸等用。

图4-2【银杉】常绿乔木，松科单种属植物，为第三纪残遗种。高20米，叶条形，生长枝上的叶子长4～5厘米，短枝上的叶子长不足2.5厘米。球果为卵圆形或长椭圆形，长3～5厘米，种鳞13～16个。20世纪50年代由我国植物学家钟济南教授发现，经陈焕镛、匡可任两教授研究发表。经多次调查，银杉间断分布于越城岭太平山区及大娄山东段，如广西龙胜，四川南川金佛山，柏枝山，湖南新宁，贵州道真等地，总计有30多个分布点，其中1/3的分布点仅保存有1～2株银杉古树。它

们适宜的生存地点已被其他树种所占据，因而被迫生存于亚热带海拔980～1 870米山地的狭窄山脊、孤立的帽状石山顶部和悬崖、壁缝中。其木材供建筑、造船等用。

百山祖冷杉

图4-3【秃杉】常绿大乔木，为杉科台湾杉属。大树的叶为四棱状钻形，长2～5毫米，排列紧密。球果呈圆柱形或长椭圆形，长1.5～2.2厘米，种鳞21～39个。20世纪30年代末法国裸子植物专家Gaussen根据采自我国云南贡山的标本而发表。主要分布在云南西部怒江流域、澜沧江流域及贵州东南部，在湖北利川及四川酉阳也有零星分布。由于秃杉生长快，能长成高达75米、胸径2米以上的大树，而且材质优良，已被列为速生林营造树种。

图4-4【百山祖冷杉】常绿乔木，松科冷杉属。高17米，胸径80厘米。叶条形，螺旋状排列，长1.5～3.5厘米。球果呈圆柱形，直立，长7～12厘米，种鳞数量多且为扇状四边形。由长期在林业第一线从事科研工作的原浙江省庆元县林科所所长吴鸣翔等于1963年发现，并于1976年11月公开发表。这一新冷杉的发现，填补了我国华东地区无冷杉属植物分布的空白，对于研究古植物、古气候、古地球提供了新的线索，对地质学及植物系统发育方面的研究具有重要价值。由于这种新冷杉仅在浙江南部百山祖主峰南坡海拔约1 700米的针阔混交林地带保存4株，并且难于开花结果，因此已被列为世界上最珍稀濒危的12个植物物种之一，亟须妥善保护。

竹子（T）

发行日期：1993. 6. 15

4-1

4-2

4-3

4-4

（1993-7）

（1993-7 小型张）

4-1紫竹	20分	5 470.2万枚
4-2金镶玉竹	30分	5 423.7万枚
4-3佛肚竹	40分	5 303.7万枚
4-4茶秆竹	1元	5 233.7万枚
小型张　毛竹	5元	4 330.2万枚

邮票规格：31 mm × 52 mm

小型张规格：100 mm × 73 mm，其中邮票尺寸：54 mm × 40 mm

齿孔度数：12度

整张枚数：40枚

版　别：胶版、（M）影写版

设计者：肖溶

印刷厂：北京邮票厂

全套面值：1.90元

小型张面值：5.00元

知识百花园

竹属禾本科的竹亚科，是一年长大的多年生常绿单子叶木本植物。目前，全世界大约有70属1 200多种竹子。竹子起源于南美、非洲和亚洲热带地区，其中东南亚季风区又是全球竹子种类最多、竿形最大和分布最广、产量最高的地区。澳洲只有2种乡土竹种，美国只有1种，而整个欧洲都不产竹子，这些地区的竹子很多都是从亚洲引种的。但亚洲西部也是无竹或少竹区域，大量竹资源集中在中国南部和东南亚的印、缅、泰、越、柬、马来西亚、菲律宾、印尼等国。

这套《竹子》特种邮票画面上的5种竹子均是我国特产和有代表性的竹种。设计者以写实笔法，截头去尾，选取每种竹子的中间一段，构成邮票图案。赋色自然，浓淡适宜，枝叶繁茂，疏密得当，展现了我国名竹的特色。但小型张图幅过小，使对这种高大植物的挺拔形象的展示受到了限制。

邮票解析

图4-1【紫竹】中小型散生竹。具竹鞭，节上具二枝，节间于分枝一侧稍扁平，并有两条沟槽。当年新竿呈绿色，次年渐转为紫棕色，色泽特殊，经久不

紫竹

黄金间碧玉竹

变。我国黄河流域以南地区广为栽培，日本及欧美各国亦多引种。紫竹以其竿深沉稳重、独染墨色而驰名。其质地坚韧，纤维细密，富有弹性，而皮层极薄，是制作胡琴、箫、笛、笙的上品材料。用紫竹做的乐器音质音色优美，音量大，婉转悠扬，悦耳动听。也用于制作伞柄、钓竿或盆景等，并常植于庭院及园林假山、楼阁、水榭旁，作点景之物。

图4-2【金镶玉竹】又名“黄金间碧玉竹”。为黄槽竹的自然变种。具竹鞭，可纵横延伸，形成散生竹林。节上具二枝，节间于分枝一侧稍扁平，并具两条沟槽。枝干呈鹅黄色，其间夹绿色条纹如镶翡翠，色泽华贵艳丽，具有特殊的观赏价值。产于江苏云台山，现在北京、南京、杭州均有栽培。

图4-3【佛肚竹】中小型丛生竹。因节间短缩膨大如佛肚，因此得名。其中又

佛肚竹

有大、小之分。大佛肚竹竿较粗且稍平直，节间短；小佛肚竹节间稍长，为花瓶状，节与节之间微呈“之”字形扭曲。佛肚竹产于我国广东、广西、福建、云南等气温较高的地区，为著名热带观赏竹种，多配置于庭院、公园，也用来制作盆景。

茶杆竹

图4-4【茶杆竹】中型竹类。具竹鞭，散生成林，其节间较长，节平滑，竿通直，但表面龙纹斑斓，像一块块龙鳞，由无数凸起而交互倾斜相连的曲线节组成，如蛟龙蟠柱一样，新奇有趣。叶质厚而坚韧。原产我国南部山地，现华东多有引种栽培。茶杆竹竿形好，材质优良，打磨后尤显细腻，用于制作各种竹家具、伞柄、钓竿等，具有艺术性。大宗出口用作滑雪橇手柄。

楠竹

小型张【毛竹】又叫楠竹，为我国特产，也是长江流域分布最广、用途最多、经济价值最高的竹种。毛竹林约占全国竹林总面积的80%。毛竹是散生竹，其竹鞭单轴散生，繁殖长笋。竹笋在春雨过后的夜晚，生长极快，有诗云：“更容一夜抽千尺，别却池园数寸埃。”笋出土后10多天，木质化后便成竹。在天目山北麓的浙江安吉、江西的井冈山、福建的武夷山、四川的万里箐、长宁，贵州的赤水等地，毛竹漫山遍野，形成茫茫竹海，为著名旅游景点。毛竹也是我国最重要的笋材两用竹种。其早春发笋（也可采挖冬笋），味鲜质嫩，最宜鲜食，或制笋干（玉兰片）及罐头。竹材韧性强，纹理直，坚硬光滑，色泽好，篾性优良，是用途极广的材料。国产毛竹每年可产生经济效益达几十亿元，是我国南方重要的经济作物，也是世界上生长最快的树木之一。

集邮小知识

世界上的第一套纪念邮票

世界上的第一套纪念邮票究竟是哪一套，目前尚有争议，主要是对纪念邮票定义的理解不同而造成的，有人主张有明确的纪念意义就应该算是纪念邮票，有人认为邮票上必须有“纪念”性的文字，有人则认为只有官方邮局发行的有纪念意义的邮票才能算数。

所以有人认为，第一套纪念邮票应该是1871年秘鲁发行的“纪念南美第一条铁路——利马列卡亚俄铁路通车20周年”。该邮票的面值为5分，邮票图案的上半部分是一台机车，下半部分是盾形徽，边纸上分别印了三个地名：乔里奥斯、利马和卡拉俄。当时有明文规定，在此三个城市之间的信函邮资减半。有人认为，第一枚纪念邮票是前英国殖民地新南威尔士1888年发行的“纪念英国在澳大利亚建立殖民地百周年”邮票。有人则主张第一枚纪念邮票是1887年德国地方邮局为纪念法兰克福市举行射击锦标赛的邮票。甚至有人认为，第一枚纪念邮票是1893年美国发行的哥伦布发现美洲大陆400周年邮票，邮票全套16枚，主图是描绘哥伦布一生的经历，全部采用藏于西班牙和意大利博物馆中的关于哥伦布发现新大陆的名画，面值从1分到5元。其中1分蓝色票上印有“哥伦布发现新大陆”的字样。

沙漠绿化（T）

发行日期：1994. 4. 21

4-1　　4-2　　4-3　　4-4

（1994-4）

4-1浩瀚沙海	15分	3 435. 9万枚
4-2沙洲花开	20分	10 396. 7万枚
4-3胡杨成林	40分	5 078. 1万枚
4-4沙漠绿洲	50分	7 732. 5万枚

邮票规格：40 mm × 27 mm

齿孔度数：11度

整张枚数：28枚

版　别：胶版
设计者：孟嗣微
印刷厂：北京邮票厂
全套面值：1.25元

知识百花园

沙漠是地球上荒漠的一部分，面积广大，地面以沙质和砾质为主。沙质荒漠和沙地中有大片的裸沙，东起我国内蒙古的东部，西到新疆的塔里木盆地，都有大面积裸露的流沙连片分布。新疆塔里木盆地的塔克拉玛干大沙漠、内蒙古的巴丹吉林大沙漠、新疆东部的库木达格沙漠（即“沙山”沙漠），都以形态多姿，流动面积大，人烟极为稀少，并保持了原始状态而闻名于世。由于构成这些大沙漠的物质（沙粒）极为均一，表面完全裸露，没有植被，各种形态的沙山、沙丘、沙带，都由无数条平滑流畅的弯曲脊线组成，极目望去，犹如凝固静止了的海涌波纹，极为优美壮观。每年的九十月间，沙漠中的气候和水文条件都优于平日，此时可以领略到沙丘地的自然内质——洁净的美、静寂的美、曲线的美和变幻莫测的美。这套《沙漠绿化》特种邮票的发行，其目的也正在于反映我国沙漠的自然景观，展示改造沙漠已取得的成就，及进一步探讨科学利用和保护沙漠的可能性。

邮票解析

沙漠

图4-1【浩瀚沙海】 邮票画面旨在展示大漠的原始状态，构图上强调沙漠景观中极具特色的曲线美。色彩上运用了大片棕黄色，与左下角那一点绿色形成强烈对比，以显示沙漠中顽

强的绿色生命，带给人们以希望。沙漠也并不是没有生命的死亡之海，它有自己的花季。在花季，沙漠中的局部地段可能形成艳丽的花斑。即便是一些短命的植物，在雨季也有短暂的瞬间形成繁花似锦的海洋。我国的沙漠地区有成片的人工种植或天然分布的灌木丛，东部的柠条、花棒，西部的沙拐枣、红柳、梭口等植物，有的零星分布，有的生长在水分条件相对优异的地段，形成密集的灌丛。这些植物不仅有固定流沙、防止沙丘移动的作用，有的还是蜜源植物，还有一些是很好的饲草，可以作为薪柴。这些灌木已被人们认识，成为我国三北防护林固沙的造林树种。它们也是最好的沙漠太阳能转换器，能利用光合作用，把太阳能固定在植物体内，供人类享用。繁花季节，艳红的、橙黄的花朵把单调的沙漠装扮得非常标致，给人以赏心悦目的色彩上的享受。

图4-2【沙洲花开】邮票画面展示了沙漠中盛花期景象，并运用抽象、概括的手段，选择了具有装饰韵味的形式，以便在方寸中尽力体现众多植物的形象。但是真正能称得起沙漠天然绿洲的还首先要算胡杨林。胡杨是一个奇特的树种，此树上长杨叶，下长柳叶，俗称“异叶杨”，史书上也称“胡桐树”。我国科学家在库

沙漠开花

胡杨

车、敦煌及山西平陆发现的胡杨化石，证明它是第三纪末期稀树草原中的常绿森林的后代，是古地中海残留的孑遗树种，距今4 000～1 200万年前有大面积的分布。胡杨目前天然分布在中亚、伊朗等地，而以我国分布的面积最大。由于人类开垦农耕，使胡杨天然林地在最后的100年内面积急剧变小。胡杨生性耐盐碱，木材不反翘，木质纤维长，在适宜的条件下生长迅速，主干挺拔，其树叶也是优良的催肥饲草，秋季来临绿叶变为金黄，十分美丽。

图4-3【胡杨成林】邮票画面以秋天的胡杨树为题材，金黄色的胡杨树环绕着一汪碧水，远处是隐现的小树在绿与黄的色彩中摇曳，给浩渺沉寂的沙漠带来生机。沙漠是地球上与冰川、海洋一样永存的一个地理单元，并不可怕。自古以来，沙漠地区不仅有商道和城池，而且有人群的居住地——绿洲。沙漠也是一种人们赖以生存的资源，是人类的朋友。只是近一个世纪以来，由于人们一些不合理的经济活动，导致土地退化，呈现出土地沙化的景象。防止土地沙化，正在引起广泛的关注。而资源开发也日益提到议事日程上来。我国著名科学家钱学森教授提出的建立沙产业的思想，为开发利用沙漠地区丰富的太阳能资源指明了道路，戈壁沙滩少雨干旱，植被稀疏，但地表阳光充足，地下蕴藏着丰富的资源，随着科学技术的进

步，沙产业必将逐渐形成并不断完善。

沙漠绿洲

图4-4【沙漠绿洲】邮票画面通过有层次地展现沙中的沃土和绿洲，表达了人们改造沙漠，主宰沙漠，变不毛之地为禾苗茁壮、绿意盎然的田野的很好愿望。在结构方面，为使4枚邮票具有总体的完整感，而每一枚邮票又能形成独立的构图而并且不乏统一性，设计者曾作过不少尝试，最终选择了现在的这个方案：原始沙漠景观、灌木丛的花季、秋日的乔木和绿洲。造型上趋于概括、抽象、装饰化；色彩上在统一色调的前提下，各枚之间有意拉开距离，既表现沙漠景观的丰富，又不失沙漠原有的荒瘠风格，以期能从宏观和微观上均能反映出沙漠及其绿化效果的真实面貌。

集邮小知识

邮票的版铭

版铭（Imprint，Inscription）是指印在邮票纸上的标记，也称边铭。版铭广义兼指版号、印刷日期、发行日期、设计者、色标、对准线等；狭义特指厂铭。可借助于票边的标记掌握研究资料，判别版次，票边上印有版号“569335”、厂铭“北京邮票厂”。

凭借版号可以推断邮票在全国的流向，凭借版号的数字位数可以判断邮票的发行数量，特别是对于外国邮票，这个信息很重要。边纸图案、文字是专题邮集的有效信息。

吉林雾凇（T）

发行日期：1995. 1. 12

4-1

4-1

（1995-2）

2-1寒江雪柳　　20分　　4 004.25万枚

2-2玉树琼花　　50分　　2 601.75万枚

邮票规格：（1图）40 mm × 30 mm、（2图）30 mm × 40 mm

齿孔度数：12度

整张枚数：50枚

版　别：胶版

设计者：卢天骄

印刷厂：辽宁省沈阳邮电印刷厂

全套面值：0.70元

知识百花园

这套邮票是我国邮票发行体制改革后的第一套“地方选题”邮票。雾凇又名“雪柳”或“树挂”，也叫“冰花、“银花”、“水汽花”，气象学家因它是由雾气冻结成的疏松物而将其命名为“雾凇”。早在1 500多年前，我国对它就有文字记载。南北朝时期，宋吕忱《字林》记载道：“寒夜结水如球，见晲乃消，齐鲁谓之雾凇。”宋代文学家曾巩在《冬夜即事诗》中，对雾凇的特征作了描绘：“园林初日净无风，雾凇花开树树同。”雾凇按气象学可分为两类，一是粒状雾凇，也叫密雾凇，属于灾害性天气；另一类是晶状雾凇，也叫疏雾凇，由于密度小，对树木、电线等没有影响和破坏。这两类雾凇依其形成过程，又可分为若干形。吉林雾凇是属于毛茸形晶状雾凇。在千里冰封的冬日，从松花湖丰满发电站到吉林市区几十千米长的松花江上，深层水温度达4℃以上，江面热气升腾、饱和的空气形成蒙蒙雾气，而飘浮的水汽和过冷的雾滴遇到两岸的冷凉树枝冻结而成雾凇。由于吉林市常受较强的冷高压天气系统控制，大气层结构稳定，辐射降温强，昼夜温差显

雾凇

著，而丰满电站之水流又源源不断，使吉林雾凇出现次数多（一冬多达60多次），持续时间长（一二月份可有40多天），如丝似菊，形状各异，绚丽壮观。据专家考证，在城市中出现这种稀少的毛茸形晶状雾凇，实属罕见。因此1985年，国家旅游局把它同桂林山水、云南石林和长江三峡一起，列为我国“四大奇特自然景观”。1991年1月9日，国家主席江泽民到吉林视察时，面对这一绝妙佳景，赞叹道：“寒江雪柳，玉树琼花，吉林树挂，名不虚传。”邮票设计者卢天骄设计的两枚邮票，即以前两句话命名。这两枚邮票的主图均为摄影照片，为中国摄影家协会会员、吉林市摄影家协会副主席邹起程先生几年前拍摄的，分别拍自吉林市江南和丰满发电站附近。

雾凇

邮票解析

图2-1【寒江雪柳】松花江浩荡东流，两岸依依雪柳，雾凇世界如同仙境，引人入胜。

图2-2【玉树琼花】银装素裹的隆冬北国，雾凇犹如绽开的琼花，给人以美的享受。

桂花（T）

发行日期：1995. 4. 14

4-1

4-2

4-3

4-4

（1995-6）

4-1金桂	20分	5 249.25万枚
4-2银桂	20分	5 246.75万枚
4-3丹桂	50分	3 149.25万枚
4-4四季桂	1元	2 701.75万枚

邮票规格：40 mm × 30 mm

齿孔度数：12度

整张枚数：50枚

版　别：胶版

设计者：朱力钊

印刷厂：河南省邮电印刷厂

全套面值：1.90元

知识百花园

桂花，别名木樨、岩桂、九里香，为木樨科、木樨属的多年生常绿灌木或小乔木。桂花整个树形浑厚丰满，叶色浓绿，细枝下垂，婀娜多姿。树冠多为圆球形。树干一般高2～5米，直径10～40厘米，茎干灰色。叶片为单叶对生，成形叶片翡翠深绿，外观为椭圆形或长椭圆状披针形。花蕾簇生状，聚伞花序；花梗纤细，花朵小，有黄、白或橙红等色，香味浓郁；花冠四裂，花期多为农历八月开放。果实为核果，紫黑色，椭圆形，次年4～5月成熟，俗称桂子。

集邮小知识

凸版印刷

凸版印刷是一种最古老的印刷方法。以往的书籍、报纸大多采用这种方法印刷。凸版印刷是照相分色后用铜印版印刷的，印版版面上有凸起和凹陷，图纹着墨部分凸起，空白部分凹陷。印刷时油墨涂在印版上，把纸张放在版面上，从上面施加压力，沾有油墨的印版凸起部分与纸接触就形成了纸面上的有色图文，与盖图章的原理相仿。凸起印刷是以网点大小表示层次。由于凸起印刷压力较重，因而往往在邮票图纹边缘处留下油墨外溢的痕迹，这是识别凸版邮票的特征之一，也是缺陷之一。

世界上西德、罗马尼亚印刷凸版邮票比较多。中国清代《大龙邮票》和中华人民共和国普2《天安门图案（第二版）普通邮票》、欠1《欠资邮票（第一组）》、特53《中国民间舞蹈（第二组）》都是采用凸版印刷的。

桂花不仅有观赏价值，还有很高的经济价值。早在战国时期，我们的祖先就用桂花配料酿酒了，其具体方法在孔平仲的《谈苑》中就有详细的记载。屈原在他著名的诗作《九歌》中，也曾写道："蕙肴蒸兮兰籍，奠桂酒兮椒浆。"说明当时用桂花酿酒已很盛行。至今桂花酒仍然是我国具有桂花醇香味的一种高级酒类。而用桂花还可制成蜜栈、糕点，别具风味。桂花还可以熏制茶叶，桂花点茶，香生一室，中国桂花香茶畅销国内外，誉满五洲。桂花还可作为香料，提取的桂花香精芳香浓郁，在国际市场上可与黄金媲美。桂花、桂子皆可入药，其性平味甘，具有化痰散瘀之功能，暖胃平肝之作用，桂枝还有解温表寒、湿经、通阳之功效，可治疗肝胃气疼痛、嗳气饱闷、口臭、闭经腹痛等症。因此，桂花是一种比较理想的园林与生产相结合的优良花木品种。

桂花经过2 000多年的栽培和人工选育，拥有许多品种，目前可归纳为4个主要品种，均在这套《桂花》特种邮票中得到了反映。

邮票解析

图4-1【金桂】其出现不晚于汉代。明朝的李时珍在《本草纲目》中，根据白、黄、红三种花色，将桂花分为"银桂"、"金桂"、"丹桂"三个品种。金桂主要特征是开放金黄色的花朵，初开时为黄白色，以后逐渐变为深黄色。株形高大直立，树冠圆球形，枝叶繁茂，枝条发育强健。一年两次抽芽，3月上旬一次为春梢，秋季花后一次为秋梢，花香浓郁，易脱落。有大花金桂、小花金桂、大叶金桂、多芽金桂、圆叶金桂、潢川金桂、柏墩金桂等20多个品种。

金桂

图4-2【银桂】其花色并非完全白色，而

是多为黄白色或淡黄色，香气比金桂略淡，树形比金桂小，枝条、叶片比较稀疏，树冠呈长圆球形，叶片多为黄绿色。初秋、中秋开花，花朵初开时为乳白色，后逐渐变成淡黄色，香气四溢。有大叶银桂、乳白银桂、早银桂、白洁、柳叶桂、籽银桂等10多个品种。

银桂

图4-3【丹桂】据研究，丹桂的选育历史可追溯到公元234年以前。唐白居易在一首诗中曾提到“有木名丹桂”。庐山南麓的白鹿洞书院曾是北宋朱熹讲学的场所，院内有“紫阳（朱熹别名）手植丹桂”碑石，只是那株丹桂是1953年补种的。丹桂枝条硬而短粗，叶片椭圆形，叶面墨绿色，花冠呈橙黄色，后逐渐变为橙红色，极为美丽。中、晚秋开花，但香气稍逊。有大叶丹桂、小叶丹桂、硬叶丹桂、软叶丹桂、咸宁丹桂、大花丹桂、朱砂丹桂、齿丹桂、籽丹桂、华盖丹桂等10多个品种。

丹桂

图4-4【四季桂】李时珍在《本草纲目》中列出了这一品种，即所谓“四季花者”、“月月花者”。但一直到清代，陈淏子在《花镜》中才分别将其命名为“四季桂”和“月月桂”，现统称为四季

桂。花初开时白至黄白色，后变淡黄色，香味由淡至中，易脱落。叶椭圆形至长椭圆形，色较浅，一年内数次开花，有大叶、小叶等几个品种。月月桂也属这一种群，其与典型的四季桂不同之处在于枝叶较稀疏，叶片较狭而质地较厚，主脉与侧脉的夹角小（60度左右），花较稀疏，花期较长，香味淡，花后结果，因其四季不断开花，故亦称四季桂。

四季桂

集邮小知识

著名的瑞典“黄基林”大错色票

变体票由于稀少，价格一般昂贵。1855年，以瑞典国徽为图案的3分基林的邮票发行了，邮票为绿色。但是在1885年却发现了1枚黄色的变体票，至今仍然是世界孤品。邮票上盖有1857年7月13日18时从科普寄出的邮戳，信是1名药剂师西蒙外出采药时寄回的家信。28年后，他的孙子到祖母家玩，无意中在已故祖父遗留的信件中发现了这封信，上面贴着“黄基林3分”邮票，他要把信封拿走，祖母不愿意丈夫的遗物散失，就洗下邮票送给了他。他以7克郎的价格卖给了邮商，邮商却以7000克郎的价格售出。以后邮票几经倒手，1984年，在苏黎世的拍卖中以85万瑞士法郎卖出，相当于45.5万美元。1990年5月19日，仍然在苏黎世的拍卖中，以190万瑞士法郎再次卖出，折合135万美元，创下邮票问世以来单项邮品的最高售价纪录。

国际邮票、钱币博览会 北京1995（小全张）（J）

发行日期：1995. 9. 14

（1995-19）

小全张 国际邮票、钱币博览会 北京1995	2 482. 76万枚
无齿孔 售价50元	56. 70万枚

小全张规格：143 mm × 85 mm

邮票规格：40 mm × 30 mm

小全张齿孔度数：12度

版 别：胶版

（1995-19）无齿孔

设计者：朱力钊

印刷厂：河南省邮电印刷厂

全套面值：1.90元

知识百花园

北京·95国际邮票、钱币博览会于9月14日至18日在北京国贸中心隆重举行，这是新中国成立以来第一个融邮票与钱币、展览与销售为一体的大型国际性博览会。其举办适逢联合国第四次妇女大会在北京召开，各国政府和邮政部门、造币厂、集邮界、集币界对此都十分重视。当我国文化部、邮电部、中国

桂花

桂花

人民银行批准举办该博览会的消息一经传出，立即在国内外引起轰动，要求报名参展者十分踊跃。中国邮电部为此发行小全张1枚，图案为《桂花》全套4枚邮票；中国人民银行发行《熊猫》加字银币1枚。此外，圣马力诺发行《世界名城——北京》邮票1套2枚；马绍尔发行《苏州园林》邮票1套2枚；密克罗尼西亚发行《天坛》小型张1枚；澳大利亚发行《熊猫》小型张1枚，并发行《笑岛》纪念币，与中国《熊猫》币配套销售；德国、朝鲜、蒙古、越南、匈牙利、古巴、汤加等国也为此发行邮票、纪念币或举办专题展览。美国、澳大利亚、俄罗斯、法国、瑞典、匈牙利、朝鲜、新加坡、圣马力诺、泰国、密克罗尼西亚、马绍尔、蒙古、越南、阿根廷等30多个国家和地区的邮政部门，20多个国家的邮商代表，以及美国、澳大利亚、俄罗斯、瑞士、日本、奥地利、英国、加拿大、德国、西班牙、新加坡、南非、安道尔等10多个国家和我国香港地区的造币厂和20余家国际钱币经销商，还有我国上海造币厂、沈阳造币厂和北京、上海、深圳等国内几家主要钱币商来京参展。博览会现场展销了

桂花

100多个国家的邮票、钱币，参展外宾多达400余人。

博览会开幕当天，即9月14日被定为集邮日；9月15日为集币日，同日上午举行世界造币厂产品介绍会；9月16日为青少年集邮日，同日举行由中国集邮报主办的东方杯博览会有奖知识大奖赛颁奖大会；9月17日为中国邮政宣传日，同日在王府饭店举办1995年北京邮品大型拍卖会；9月18日为96亚洲邮展宣传日，为1996年在北京举办的亚洲邮展进行宣传。博览会期间，中国集邮总公司推出了中国集邮史上第一个“集邮护照”；中国金币总公司推出了中国集币史上第一个“集币护照”。中国邮票、邮品、钱币设计家们应邀在博览会现场为参观者签名留念。经邮电部邮政总局批准，北京市邮政管理局在博览会开设了临时邮局，并启用临时邮戳。

桂花

苏铁（T）

发行日期：1996. 5. 2

4-1　　4-2　　4-3　　4-4

（1996-7）

4-1苏铁	20分	3 719.2万枚
4-2攀枝花苏铁	20分	3 711.7万枚
4-3篦齿苏铁	50分	2 681.7万枚
4-4多歧苏铁	230分	2 309.2万枚

邮票规格：30 mm × 40 mm

齿孔度数：12度

整张枚数：50枚

版　别：胶版

设计者：曾孝濂

印刷厂：北京邮票厂

全套面值：3.20元

知识百花园

苏铁亦称“铁树”、“凤尾松”、“凤尾蕉”，铁树科，常绿乔木。树干粗糙，高约2米，主干通常不分枝；叶集生茎顶，长1～2米，坚硬，羽状分裂，裂片线形，有一中肋，边缘向下卷曲；花亦顶生，雌雄异株，雄花由无数鳞片状雄蕊组成，雌花由一簇羽毛状心皮组成，心皮密被软毛，下部呈柄状，柄的两缘生胚珠数枚；种子呈核果状，微扁，朱红色，可食；茎髓可采淀粉，叶、种子入药，有收敛止咳、止血之效。但其最突出的作用还是供观赏，铁树树型古朴，矫健刚毅，全形呈伞状，至为美观，配置在花坛、廊亭之间，摆放在会场或居室门前，均给人以挺拔雄劲、庄严肃穆之感，有一种热带景色之风韵。

苏铁植物是地球上现存最为古老的一种种子植物。自印度尼西亚至我国和日本南部，均有它的分布。远在中生代，现代苏铁植物的祖先曾与恐龙并驾称霸于地球。古植物学家发现，从晚三叠纪至早侏罗纪，在我国曾大量生长着苏铁植物。在山西太原东山早二叠纪地层中发现的中国始苏铁，是迄今为止发现的我国最早的植物，表明它们早在2.8亿年前就已在这里生长了。20世纪70年代初，在四川攀枝花宝鼎矿区发现的植物化石群中，苏铁类约占了一多半，那里至今仍保留下来一片野生攀枝花苏铁林，成为当今世界上苏铁植物自然分布的最北界。世界上目前现存的苏铁植物共3科11属约200种。尽管我国的苏铁植物起源较早，但经过亿万年沧海桑田的巨变，绝大多数已绝迹，现在仅剩下1属约11种（其中有5种为特有种），分布于云南、广西、广东、海南、福建、台湾、四川、贵州等省区，而以云南最多，有7个种。苏铁多生长在海拔1 000～1 600米、土壤较贫瘠的石灰岩山地上，或与耐旱的杂草、灌木混生，或生长在常绿季雨林中。其产地具有气温高、年温差小、蒸发量大于降水量、干湿季明显的气候特征。如攀枝花苏铁多分布于川滇交界的金沙江干热河谷地带；贵州苏铁分布于南盘江流域的贵州、广西和云南境内；叉叶苏铁和篦齿苏铁生长于云南红河流域、西双版纳地区以及广西龙州等地；台湾（东）苏铁生长在台东鹿野溪沿河两岸的丛林中等等。在北方，通常20年以上的老树在环境条件适宜时每隔数年才开花一次，所以素有“千年铁树开了花”之说，但在南方，10年以上的苏铁，大、孢子叶球几乎年年开放，岁岁吐艳。

第四届国际苏铁生物学会议于1996年5月1日至5日在我国四川省攀枝花市召

开，那里有亚洲最大和分布最北的野生苏铁林和丰富的苏铁种质资源。为祝贺这次大会的召开，邮电部发行了这套《苏铁》特种邮票，以便于进一步推动苏铁植物研究和保护事业。邮票设计者为我国著名的植物科学画艺术家曾孝濂先生。他运用写实手法，再现了植物的外形特征和生长环境，还原了苏铁野生的原始面貌，反映了它们的自然状态和生长规律，背景简练、概括，主体突出、鲜明，色彩清新、明快，是设计者继《杉树》之后的又一套成功之作。

邮票解析

苏铁

图4-1【苏铁】又名铁树，其树形美观，羽叶多数，排列紧密，小叶短而窄，呈龙骨状排列，边缘反卷，观赏价值颇高。它原产中国和日本（琉球群岛），后广泛栽培于全世界。20世纪70年代在福建沿海山区及岛屿还有不少野生种群，但现在由于人为破坏，野生植株已近于绝迹。

图4-2【攀枝花苏铁】20世纪70年代初在攀枝花宝鼎矿区发现其化石，并随之找到生长在这里的野生苏铁林，分布在四川及云南金沙江干旱河谷地带，常生长于稀树灌丛中的石灰岩山地，是分布纬度最北的一种。这种苏铁叶呈蓝绿色，角质层厚，十分耐旱。四川攀枝花市的攀枝花苏铁林多达10万多株，是世界上最大的野生苏铁林。

攀枝花苏铁

图4-3【篦齿苏铁】其树干高大，可达7米，上部多分枝，树形挺拔美观。在滇南及东南亚常有栽培。本种原产云南南部，生长在雨林石灰岩山脊或开旷的稀树林中，也分布在喜马拉雅山南坡至东南亚中低海拔地带。

篦齿苏铁

图4-4【多歧苏铁】俗称独脚铁、独把铁。是1994年才发现的一种奇特的苏铁。其树干短，顶生常只有1片高大的羽叶，高达6米，叶柄长3～4米，羽片3回羽状，末回羽片3至5次二歧分枝。小叶倒卵状披针形，先端尾状。此种苏铁外形似蕨类，它对研究苏铁的系统演化具有重要价值，因此极受重视。它特产在我国云南红河中游河谷潮湿热带山地的雨林中。

多歧苏铁

茶（T）

发行日期：1997. 4. 8

4-1

4-2

4-3

4-4

（1997-5）

4-1茶树	50分	3 149. 75万枚
4-2茶圣	50分	3 149. 75万枚
4-3茶器	150分	2 551. 75万枚
4-4茶会	150分	2 551. 75万枚

邮票规格：（1、2图）30 mm × 50 mm、（3、4图）50 mm × 30 mm

齿孔度数：12度

整张枚数：40枚

版　别：胶版

设计者：任宇

印刷厂：河南省邮电印刷厂

全套面值：4.00元

邮票解析

茶树

图4-1【茶树】在我国茶树品种资源的宝库中，各个品种类型应有尽有。其中有许多珍贵的名种，如品质优异的红茶名种云南大叶种，高产优质的绿茶名种福建福鼎白毫，香味甜美的乌龙茶名种铁观音、水仙等。茶树的命名，更是别具特色，充满文化韵味。有的以叶形命名，如佛手、仙人掌、柳叶；有的以香味命名，如肉桂、苦瓜、桃仁；有的以其综合特征来命名，如佛手的香味像香橼，故名香橼或雪梨等等。邮票画面上的主图为1棵已有约千年树龄的过渡型古茶树，它介于野生型和栽培型之间，已有人工驯化的痕迹，于1992年才被发现确认，至今仍枝繁叶茂地生长在云南澜沧拉祜族自治县富东乡邦崴村新寨象脚寨边海拔1 900米的坡地上。它是布朗族先民濮人对野生茶树驯化培育的产物，“填补了世界茶树发展史中从野生型到栽培

型之间一个重要的过渡型缺环”。邮票画面为这棵老树的真实照片，它是中华古茶文化遗址的代表之一，也是“茶树原产于中国”、“饮茶源于中国”论点的有力物证，在中国茶史、世界茶史上均具有重要的历史价值和科学研究价值。

图4-2【茶圣】邮票画面主图为竖立在茶都杭州龙井茶园中国茶叶博物馆外的陆羽塑像。该塑像高3米，用不锈钢浇注，外表仿古铜色，表现的是40岁左右的陆羽左手端茶碗、右手持《茶经》的形象，原作者系杭州市城雕室的罗珏先生。陆羽（733～804），字鸿渐，唐代复州竟陵（今湖北天门）人，自21岁始便矢志研究茶学，足迹遍历鄂、川、豫、苏、浙、赣等地，查访、品评名茶名泉，采集各类茶叶标本，收集民间茶事。他于公元760年抵达浙江湖州，隐居苕溪，潜心著作，撰写《茶经》，历时20年，于公元780年写成出版。《茶经》共3卷，10节，约7 000字，它系统地总结了唐代以前我国种茶的经验和作者切身的体会，论述了茶的起源、种类、特性、制法、烹煎、茶具、水的品第、饮茶风俗、名茶产地以及有关茶叶的典故和用茶的药方等，这是世界上第一部关于茶学的科学专著。从宋代起，陆

陆羽

集邮小知识

放大镜

由于许多假邮票都是用胶版印刷的、网纹线数一般在每英寸210线以下，而真邮票的网纹线数每英寸在250线以上，因此，用放大镜观察邮票印刷的清晰度就可辨明真伪。集邮者仅从观赏图案出发，宜选择3～5倍的低倍放大镜；要鉴定真伪及评价印刷工艺，则宜选用高倍定焦放大镜，如带灯源或量尺则更理想。从实践的情况看，30倍放大镜的效果比较理想，至少实际放大倍数要在10倍以上。一般来说放大镜的实际放大倍数越大，看到的彩印图案上的网点就越清晰、越大，就越能够从纸质、网线、刷色等方面去鉴别邮品真伪，还可辨别出邮票中设计的特殊防伪暗记。放大镜的形状分有握柄式、折叠式、架台式、印章式等多种式样。放大镜的镜面宜保持清洁，擦拭时宜用相机镜纸或眼镜软布以避免磨损，用后最好放入盒子或袋内。

羽便被尊为“茶圣”，民间将他奉为“茶神”，的确当之无愧。邮票画面背景为我国唯一的茶叶博物馆，四周有龙井茶园。该博物馆是国家旅游局与浙江省政府、杭州市政府共同建造的，于1991年4月正式开放。该馆设茶史、茶萃、茶事、茶具、茶俗、友谊等6个展厅。邮票上的西湖龙井为小叶茶代表，恰与第一枚邮票图上的千年古树，即普洱大叶茶互为补充。

图4-3【茶器】从神农视茶为药材，到后来将茶叶碾成细末，加上米粉和油盐制成茶团或茶饼，饮时捣碎加调料和水煎煮成茶粥食用，以及唐朝以后陆羽创煎茶之法从而使人类饮茶方式从根本上改为饮用，并在此基础上出现了“清饮品茗”，这一系列饮用方式的发展变化，必然会产生为饮茶而制作的各种造型、质地和色泽的器皿，即茶具。陆羽在《茶经》中，记述了18种茶具，包括：生火具风炉、火夹等；煮茶具大口锅、交床（支架）等；烤、碾、量茶具小夹子、碾子、箩筛等；水具水方（盛水器）、滤水器、搅水木棍等；盐具（加盐和取盐用具）；清洁具；藏储用具畚（可放茶碗10只）、都篮（放全部茶具的大竹篮）及列具（碗柜）；饮茶具则主要是各种茶碗。自唐以后，茶具制作更为精细，用料更为考究，并形成系列套具。邮票画面主图为鎏金银碾槽和银轧轴（碾），是碾碎茶叶的器具，其形制与中药碾槽相同，待茶叶在槽中被碾碎后，即置于茶箩中过筛，

茶具

箩下的细末便可用来煮饮。这两件茶器是1987年于陕西扶风法门寺地宫出土的，系唐僖宗李儇少年时代所用，后为表达对佛的虔诚和对父皇唐懿宗的悼念而供奉在该寺中。该组茶器还有焙炙器、炙茶器、箩茶器、取茶量具、贮茶器、贮盐器、点茶器、烧水候汤器、击佛用具等10多件，材质昂贵，制作精致，由此可以推想当时宫廷茶道的奢华、繁缛、庄严和讲究。

图4-4【茶会】品茗吟韵历来是封建帝王、学者名流、文人雅士的嗜好，也是待人接客、进出酒家、宴席的常事，闻其香，品其味，辨其优劣，实为人生之一大乐事。唐代卢仝有诗1首，名《七碗茶》，将饮茶之妙尽现其中，他写道："一碗喉勿润；两碗破孤闷；三碗搜枯肠，唯有文字五千卷；四碗发清汗，平生不平事，尽向毛孔散；五碗肌骨清；六碗通仙灵；七碗吃不得，唯觉两腋习习清风生。"由此，可以了解到当时的人们对茶馆、茶楼、茶亭之处的留恋。历代留下不少以茶会友、品茗交友的佳作名篇。晋代杜育的《香茗赋》和左思的《娇女诗》，是我国最早赞美茶的诗赋。杜甫、李白、白居易、刘禹锡、苏轼、陆游和"扬州八怪"等，

他们不仅都喜欢品茶，且留下大量茶诗。苏东坡在杭州任太守时，在虎跑、龙井等处煮泉品茗，写下“从来佳茗如佳人”之佳句。描绘茶会、品茗的绘画作品更是屡见不鲜，周昉的《茶图》、《听琴啜茗图》，刘松年的《斗茶图卷》，唐寅的《事茗图》，程十发的《评茗图》等等，都是反映茶事的名画。邮票画面为明代吴门画派的著名代表人物文徵明的纪实之作《惠山茶会图》局部。文徵明（1470～1559）初名壁，后以字行，更字征仲，长洲（今江苏吴县）人，为诗、书、画三绝的名士，淡泊仕途，陶醉于书画诗文的创作、鉴赏与切磋之中。《惠山茶会图》记录的是1518年清明时节，文徵明偕好友蔡羽、汤珍、王宠在无锡西部惠山游春，煮茶品茗、赐诗吟诵的情景，是文徵明中年时期的得意之作。该长卷现藏北京故宫博物院。邮票画面只选取了原画的左半部分，内容高雅、健康，从中可以领略到我国古代文人茶道中，以茶会友、清节励志的进取精神。

集邮小知识

邮票齿孔的测量方法

简单测量，用一把直尺就可以。若要精确测量就必须使用专用工具——量齿尺（Perforation Gauge）。量齿尺有模拟式和射线式两种。一般用厚卡纸、金属片或透明材料制成。量齿尺是法国集邮家勒格兰（J.A. Legrand）博士发明的。

模拟式量齿尺（Imitation Perforation Gauge），上面印有一系列20 mm宽的模拟票边或圆点行列，上面注有齿孔度数字作为标尺，量程为7～16度。使用时，将邮票的齿孔与各行标尺比较，吻合时即可知齿孔度数。

射线式量齿尺（Line Type Perforation Gauge），在垂直方向印有一系列放射状直线，在水平方向印有一系列平行线，并注有20 mm内与射线交点的个数作为标尺，量程为7～16度。使用时，只需找到邮票的齿孔间距与射线间距相同的位置，即可测定齿孔度数。

花卉（T）（中国和新西兰联合发行）

发行日期：1997.10.9

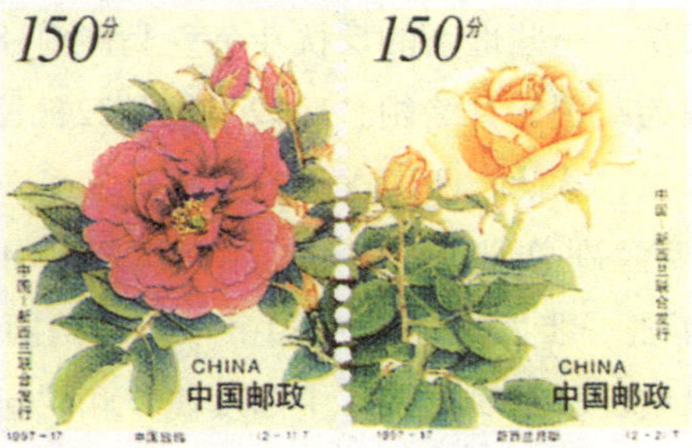

2-1　　2-2

（1997-17）

2-1中国玫瑰　　150分　3 103.7万枚

2-2新西兰月季　　150分　3 103.7万枚

邮票规格：30 mm × 40 mm

齿孔度数：11.5度

整张枚数：40枚（2枚横式联印）

版　别：影写版

设计者：张桂徽、（新西兰）保罗·马汀森

印刷厂：北京邮票厂

全套面值：3.00元

知识百花园

位于南太平洋，由南、北两大岛及附近一些小岛组成的新西兰，面积为268 686平方千米，其北岛多火山和温泉，南岛多冰河和湖泊，平原狭小，河流多短而湍急，南阿尔卑斯山脉沿南岛的西部纵贯南北，占南岛面积约二分之一。北岛属亚热带气候，而南岛则为温带气候。其居民绝大部分是英国移民的后裔，只有一小部分为土著毛利族人。公元1350年，毛利人定居新西兰。1642年，荷兰航海者塔斯曼一度到达新西兰。1769年至1777年间，英国航海者科克先后五次到达过新西兰，此后，英国开始向新西兰移民。1840年，英国全权代表霍布森和毛利人族长签订了威坦哲条约，迫使新西兰承认英国为宗主国。毛利人从1843年起对英国殖民行为进行了英勇反抗，一些地区的反抗斗争直坚持到1870年才被镇压下去。1907年新西兰独立，成为英国的自治领。1972年12月22日，我国同新西兰签署了建立外交关系的联合公报，从此，两国之间的关系进入了一个新阶段。1977年10月25日至11月1日，新西兰副总理布赖恩·托尔博伊斯来中国进行了正式访问，使两国友好关系得到了进一步发展。至今30多年来，两国友好往来不断加强，两国人民的友谊与日俱增。联合发行以“中国玫瑰”和“新西兰月季”为题材的《花卉》邮票，不仅是两国邮政方面的合作与友好交流，也象征着两国的友谊以及两国人民追求更加美好未来的愿望。

邮票解析

玫瑰

图2-1【中国玫瑰】为蔷薇科的玫瑰群（组），落叶灌木，高可达2米，枝干粗壮，小枝有直立或稍弯曲的皮刺、刺毛和绒毛。羽状复叶，小叶5～9片，椭圆形或椭圆状倒卵形，上面有皱纹。花单生成3～6朵聚成伞房状，直径6～8厘米，重瓣，紫红色或白色，

芳香；花柱离生，稍伸出萼筒外；花期约5～7月。果扁球形，砖红色，具宿存萼片。其花瓣可食用，且可提炼出芳香油，为高级香料。花及根可入药，有理气活血、收敛作用。玫瑰作为一种世界名卉，在朝鲜、俄罗斯东部及日本均有分布。在欧洲，玫瑰是高贵的观赏花卉。

图2-2【新西兰月季】月季亦为世界著名花卉。我国宋代诗人杨万里写道："此花无日不春风。"清代康熙年间的《花镜》中也讲道："月季呈四时之丽。"我国于1984年4月20日曾专门发行过1套6枚《月季花》特种邮票，介绍了此花的概貌。月季亦称"月月红"，为低矮直立灌木，在我国有2 000多年的栽培史。李时珍在《本草纲目》中说："月季，处处人家多栽插之。"1768年，英、法等国先后从中国引进一些优良品种，用中国的月季同欧洲品种进行杂交，培育出许多优秀新品种。1837年在法国首次育成了杂种"长春月季"品种群，但一年只能开一二季花。1867年才育成了真正四季开花的"法兰西"月季，并成为杂种"香水月季"群的起点，这是月季演化史上新的里程碑，是中国原产月季对世界现代月季新品种的培育所作出的重大贡献。现在，人们栽培的蔷薇品种数以万计，其中绝大部分为月季，其特点是四季开花，干枝小型化，枝粗花大或多枝小花，花朵布满树冠，千姿百态，五彩缤纷。新西兰原来并没有蔷薇属植物，但那里的人民酷爱这种花卉，其栽培历史几乎可以与新西兰国家的历史同龄，月季因而成为了他们的国花。

新西兰月季

1999昆明世界园艺博览会（J）

发行日期：1999.5.1

2-1　　　　2-2

（1999-4）

2-1保护大自然	80分	3 634.15万枚
2-2博览会场馆	200分	2 438.15万枚

邮票规格：30 mm × 50 mm

齿孔度数：12度

整张枚数：40枚

版　别：胶版

设计者：刘巨德

印刷厂：河南省邮票印刷厂

全套面值：2.80元

邮票解析

图2-1【保护大自然】画面中的五彩之手托起人类赖以生存的地球。地球上有一朵盛开的山茶花，表现了万紫千红、百花怒放的园艺展览特色和在云南举办的地域特点。左下角有一以滇金丝猴为图案的吉祥物，系由中国包装装潢设计公司冯小红创作。

图2-2【博览会场馆】画面中以象征全球五大洲的五彩树干，托起生机勃勃枝繁叶茂的一片新绿。就在这绿阴丛中掩映着风格各异的三座场馆，体现了博览会的世界性。右上角有一以手的造型托起一朵绿色生命之花为图案的会徽，系由中央工艺美术学院王世文创作。

1999世界园艺博览会

君子兰（T）

发行日期：2000. 12. 12

4-1

4-2

4-3

4-4

（2000–24）

4-1大花君子兰	80分	2 249.30万枚
4-2垂笑君子兰	80分	2 245.30万枚
4-3金丝君子兰	80分	2 245.30万枚
4-4白花君子兰	2.80元	1 873.60万枚

邮票规格：30 mm × 40 mm

齿孔度数：12度

整张枚数：20枚

版　别：影写版

设计者：曾孝濂

印刷厂：北京邮票厂

全套面值：5.20元

知识百花园

君子兰为多年生草本花卉，根肉质，茎不明显，常被宿存的叶基所包，呈鳞茎状。基生叶多数，草质，常绿，带状，自基部向两边扩大排成两列。花葶扁平，肉质，花多数，自花葶顶端排成伞状花序，其基部的佛焰苞状总苞膜质，数枚；花

集邮小知识

其他国家的航空邮票概况

到1983年底，已有190多个国家和地区发行了27 000多种航空邮票。这里面还可以细分为“航空附捐”、“航空公事”、“航空特快”、“航空挂号”、“航空军事”和“航空包裹”等更专用的邮票。委内瑞拉和尼加拉瓜发行的航空邮票都多达一千种以上，可以称得上是全世界航空邮票的冠亚军。

英国至今没有发行过航空邮票，英殖民地国家也极少发行。法国大约发行了50多种航空邮票，设计讲究，印制精良，选题广泛，或是纪念航空先驱，或是新型飞机，或是鸟瞰巴黎，都紧扣航空主题。前苏联的航空邮票更是具有纪念意义，如“北极探险”、“征服同温层”、“莫斯科—旧金山飞行”等。美国发行的航空邮票频率均衡，平均每年一套，题材有横越太平洋、横越大西洋、人类首次登月成功等。

大花君子兰

垂笑君子兰

金丝君子兰

被片6枚，外形呈漏斗状，自基部合生成短管，内轮裂片较外轮的长而宽；雄蕊生成被管喉部，与花被片近等边；花药长圆形，丁字着生。浆果红色，每室有种子5～6枚。君子兰叶片终年翠绿，挺拔舒展，排列整齐，花朵艳丽，妩媚多姿，色泽鲜艳，清香宜人，十分惹人喜爱。它岁末初春绽蕾，花谢后，果实由小逐渐变大，由绿变红，果期长达6～7个月，众多的鲜红果实聚生于绿叶丛中的花葶上，犹如颗颗红宝石。

君子兰不仅叶、花、果兼美，而且其宽大肥厚的叶面气孔较大，呼出的氧气格外多，较一般植物高出约35倍左右。一株成龄的君子兰，一昼夜可吸入一升空气，呼出80%氧气。尤其是它夜间不呼出二氧化碳，是家庭净化空气的上佳之品。君子兰还含有大量生物碱，具消炎、镇痛、保肝、利尿等功效。它还具有催生、抗癌的作用。君子兰是我国北方重要的室内栽培花卉，也是布置会场、厅堂、美化家居、庭院的名贵花卉。

邮票解析

图4-1【大花君子兰】又名“君子兰”，在日本、朝鲜常被称为“红花君子兰”。叶宽8～12厘米，表面深绿，有光泽；花丹红，直立向上，花被宽漏斗状。花期为12月份至翌年3份月，单株花序开放可持续30天，有的在8、9月份可第二次开花。

图4-2【垂笑君子兰】在日本、朝鲜被称为“君子兰”。它与大花君子兰的主要区别在于叶较狭长，宽约4～8厘米，花橘红色，开放时下垂，花被狭漏斗状。花期为7～8份月。它和大花君子兰在我国都广为栽培。

图4-3【金丝君子兰】又称“斑叶君子兰”、“缟叶红君”。它是大花君子兰的一个变种，主要特征为叶在中央或边缘有黄色带纹。

图4-4【白花君子兰】它是长春君子兰栽培与育种中心新近培育出的优良品种，与大花君子兰的主要区别在于花为白色。这种君子兰应是从黄花君子兰中选育出的园艺品种。

白花君子兰

君子兰（小全张）（T）

发行日期：2000. 12. 12

（2000-24 小全张）

小全张　君子兰　　　5.20元　　　1 719.80万枚

小全张规格：145 mm × 115 mm

邮票规格：30 mm × 40 mm

齿孔度数：12度

版　别：影写版

设计者：王虎鸣

印刷厂：北京邮票厂

小全张售价：8.00元

知识百花园

君子兰，石蒜科，多年生常绿草本。茎甚短；根肉质，粗壮；叶宽条形，浓绿色，有光泽，2裂迭生。花葶直立，常高出叶面，伞形花序，有花20～40朵；花

君子兰

冠漏斗状，长可达10厘米，花绯红色或橙黄色；花期为2～5月份。原产南非，世界各地多有栽培。中国东北地区栽培尤多。盆栽君子兰可以观叶，也可赏花，花期长久，观赏价值较高，另有垂笑君子兰，花下垂，花瓣不张开，叶片较窄而长，栽培也甚普及。用播种和分株法繁殖。喜凉爽、忌炎热。生长的适宜温度为15℃～25℃，要求半阴的生长环境，怕直射阳光，忌根际积水。

君子兰

集邮小知识

《美国航空邮票》24美分中心倒印邮票

该邮票的发现经过是这样的：集邮爱好者罗麦准备制作首航封，去华盛顿富兰克林车站邮局准备购买一版24美分的航空邮票，当他发现图案中飞机的位置有点偏移时，便要求邮局工作人员给予调换，工作人员检查了其他各版邮票，发现印的都差不多，于是答应下批邮票来了之后再调换。几天以后，罗麦去邮局调换邮票，当他把邮票拿到手，进行仔细查看时，惊讶地发现这版百枚邮票中心图案的飞机都印倒了，他欣喜万分却不露声色，要求工作人员再拿几张给他看看，结果发现其他的各版都没有错误。

消息传出后，邮局下令停发24美分航空票，并进行全面检查，结果在尚未售出的邮票中未再发现错版。邮局派人动员罗麦退回邮票，但遭到拒绝。后来罗麦把错版飞机的邮票以1500美元价格卖给费城企业家尤金•克莱因，克莱因又转手以2000美元的价格卖给H•R•格林上校，上校购到后，认为没有必要保留整版邮票，于是把整版邮票撕开，自己留了一部分，卖掉一部分。1936年当他去世时，遗集中还有41枚，后来在28次拍卖会上陆续分散售出。近70年来，集邮界追踪着这批珍邮的下落，现已查明了90枚的去向。

1979年，此票的一个四方连卖到50万美元。可是1982年此四方连在拍卖时却只叫到17.5万美元。一般中心倒印邮票的原因是，在印刷时，印版倒置或纸张倒置，以至于使邮票的文字、数目字或图案颠倒。

兜兰（T）

发行日期：2001.9.28

4-1

4-2

4-3

4-4

（2001-18）

（2001-18 小全张）

4-1麻栗坡兜兰	80分	3 000万枚
4-2长瓣兜兰	80分	1 750万枚
4-3虎斑兜兰	80分	1 750万枚
4-4卷萼兜兰	2.80元	1 750万枚
小全张 兜兰	8元	1 630万枚

邮票规格：45 mm × 45 mm

小全张规格：145 mm × 95 mm

齿孔度数：12度

整张枚数：22枚

版　别：影写版

设计者：王虎鸣

印刷厂：北京邮票厂

全套面值：5.20元

小全张售价：8.00元

知识百花园

兜兰，又名拖鞋兰、仙履兰，为兰科兜兰属。现在全世界共约66种，分布在亚洲热带和亚热带至太平洋岛屿，其中我国有18种，主要分布在西南至华南地区。为多年生草本；茎短；叶为带形或长圆形，两面绿色，或上面具有深浅绿相间的阿格斑，下面有时带紫红色；花葶自叶丛中伸出，单花或多花，花大，色多种而艳丽；萼片花瓣状；花瓣较狭长，常平展，唇瓣大，兜状；果实为蒴果。兜兰属已全部被引种栽培，具观赏价值，为兰花中的上品，且因其珍奇和稀有，已被列为世界级重点保护植物。

为提高人们的保护意识，配合9月下旬在广东召开的全国花草博览会，国家邮政局发行了这套《兜兰》特种邮票，为我国正式发行的首套菱形邮票。

邮票解析

图4-1【麻栗坡兜兰】叶7～8枚，长10～20厘米，宽2.5～4厘米，上面有深浅绿色相间的阿格斑，下面呈紫色或有紫色斑。花葶近30厘米高；花1朵，萼片与花瓣呈绿黄色并带紫色脉纹；花瓣倒卵形，稍长于中萼片；唇瓣暗黄绿色，球状兜形。花略有香味，每年12月至次年3月开花。产于云南东南部（麻栗坡、文山、马关）、贵州兴义与广西那坡，越南北部也有。生长在海拔1 100～1 600米的石灰岩山坡林下多石处或积土岩壁上。

图4-2【长瓣兜兰】叶2～5枚，长25～30厘米，宽3.5～5厘米，两面绿色。花葶高30～80厘米；花2～4朵；中萼片白色，而脉纹及茎部为绿色；花瓣带状，长8～12厘米，宽约7毫米，扭曲下垂，呈黄绿色并有褐红色带，唇瓣为倒盔状，

麻栗坡兜兰

长瓣兜兰

边缘不内弯，有耳呈褐黄色或淡褐红色。花无香味，每年7～9月份开花。特产于我国云南蒙自（模式产地）与麻栗坡、贵州的兴义及广西的靖西。生长在海拔1 000～2 250米的林缘或疏林中的树干上或岩石上。

图4-3【虎斑兜兰】叶2～3枚，长15～25厘米，宽25～35厘米，两面绿色。花葶高约23厘米；花1朵；中萼片为宽倒卵形，绿色，中央有3条紫褐色虎斑纹；花瓣为匙形，长约6厘米，宽约2厘米，下部变狭呈柄状，边缘为波状，黄绿色或粉红色，在中央常有两条紫褐色条纹；唇瓣呈倒盔状，淡黄色稍带紫褐色。无香味，每年6～8月份开花。产于我国云南泸水（模式产地），缅甸也有分布。生长在海拔1 500～2 200米的林下荫蔽多石处或山谷旁的灌丛边缘地带。

图4-4【卷萼兜兰】叶4～8枚，长20～25厘米，宽2～4厘米，上面有网格斑，下面呈淡绿色并在基部带紫色。花葶高20～50厘米；花常1朵；中萼片呈淡绿白色，基部带紫红色，宽卵形，上部边缘内卷；花瓣呈倒卵状匙形，长4～6厘米，宽1.5～2厘米，淡紫红色，下部有深紫色条纹；唇瓣呈倒盔状，边缘不内弯，有耳呈紫红色。花无香味，春季开花。产于海南的东方、感恩、陵水、定安等县及广西的十万大山，越南、老

卷萼兜兰

挝、柬埔寨、泰国也有分布。生长在海拔300～1 200米的林下阴湿、腐殖质多的土壤上或岩石上。

虎斑兜兰

小全张【兜兰】4枚邮票呈菱形排列，并在左上和右下角的边纸上各绘有一只蝴蝶，构成“蝶恋花“的格局，使画面融为一体。

集邮小知识

活页贴片纸

活页贴片纸是将存放在护邮袋中的邮品根据自己的编排次序，粘贴在一张张贴片上，做成内容连贯的活页。它比插册有更高的要求与创造性。它的优点是页面较大，邮品摆放的伸缩余地大，可尽情发挥个人的设计构思；不但可以贴邮票，还可贴封、片、戳记等其他邮品，便于统一保存；贴片上可以书写一些资料与说明文字，简要记录收集、整理研究成果。贴片册还可以不断续加新的贴片，根据需要随时变换顺序，既方便邮品的收集整理，也利于邮集的参展。

珍稀花卉（T）（中国和马来西亚联合发行）

发行日期：2002. 2. 5

2-1　　　　　　2-2

（2002-3）

2-1金花茶	80分	1 340万枚
2-2炮弹花	80分	1 340万枚

邮票规格：30 mm × 40 mm

齿孔度数：13度

整张枚数：20枚

版　别：影写版

设计者：张桂徽（中国）、榛子设计室（马来西亚）

金花茶

印刷厂：北京邮票厂

全套面值：1.60元

邮票解析

图2-1【金花茶】山茶科，山茶属。为常绿灌木或小乔木，一般树高2～6米，枝条瘦长，分枝少；叶革质，长圆状披针形，长11～16厘米，羽状脉，边缘有细锯齿；花1～2朵，直径达6.5厘米，花瓣肥厚，金黄色有蜡质光泽；蒴果为三角状球形，有籽2～4粒，榨油可食；叶可入药及制保健饮品，具消滞、祛湿热、抗衰老等功效。木材致密，可雕刻工艺品。花期为11月份至来年3月份。金花茶除有实用价

值外，还是很好的观赏树种。1933年7月29日，此种植物被我国植物学家左景烈在广西防城首次发现，1948年植物学家戚经文将其命名为“亮叶离蕊荣”，1963年中科院植物所胡先骕教授定其名为“金花茶”。现产于广西防城、宁明、扶绥、南宁、邕宁，隆发等地，越南北部有分布。

图2-2【炮弹花】玉蕊科，炮弹花属。为高大乔木，可达50米；叶圆形或倒卵形，长10～30厘米，侧脉16～22对；花朵生于老树干或老枝上，花大，径达12厘米；萼筒为陀螺状，上部6裂；花瓣6片，组成钟状，内面蔷薇色，外面橘黄色，有蜡质光泽；雄蕊多数，组成2轮；果实草质，酷似炮弹，直径15～20厘米；胚乳可食，常作饮料。炮弹花树是兼具观赏、食用及优质木材功能的经济花卉园林树种。它原产美洲热带地区，早在一个多世纪前，就被广泛引入热带地区各国栽种，其中马来西亚是亚洲较早引种的国家之一。我国台湾省在19世纪末也引种了该树。

炮弹花

百合花（T）

发行日期：2003. 3. 5

4-1

4-2

4-3

4-4

（2003–4）

（2003-4 小型张）

4-1大理百合	60分	1 130万枚
4-2匍茎百合	80分	1 280万枚
4-3东北百合	80分	1 260万枚
4-4尖被百合	2.00元	960万枚
小型张　宜昌百合	8.00元	930万枚

邮票规格：40 mm × 30 mm

小型张规格：140 mm × 95 mm；小型张邮票规格：76 mm × 54 mm

齿孔度数：13 × 13.5度

整张枚数：20枚（版式1），10枚（版式2）

版　别：影写版

小型张版别：影写版

设计者：曾孝濂、杨建昆

小型张设计者：王虎鸣

小型张原画作者：曾孝濂

印刷厂：北京邮票厂

小全张面值：4.20元

小型张面值：8.00元

百合

知识百花园

百合是我国人民自古就十分喜爱的花卉。百合花为百合科百合属植物，地下部分有鳞茎，由数十枚鳞片抱合而成，故称百合。百合花大而芬芳，色香俱美，婷婷玉立而又婀娜多姿。民间把百合视为吉祥花，每逢喜庆吉日、婚嫁寿诞，常以百合花馈赠，有“百事合心”、“百年好合”的寓意。

邮票解析

图4-1【大理百合】花纯白带紫斑，

百合

百合

花瓣反卷如精美的花篮，花期为7～8月份。产于云南、四川与西藏。

图4-2【匍茎百合】花为淡紫色，花被片反卷。因其茎不能直立，匍匐于地面，因此而得名，花期为6～7月份。产于云南、西藏。

图4-3【东北百合】叶轮生，花淡橙红色，具紫红色斑点，花期为7～8月份。产于黑龙江、吉林和辽宁。

图4-4【尖被百合】花芳香，淡黄绿色或淡黄色，有稀疏的红色斑点，花被片为狭披针形，花期为6～7月份。产于四川、云南与西藏。

百合

小型张【宜昌百合】花白色，里面为淡黄色，背脊及近脊处为淡绿黄色，花期为6～7月份。产于湖北与四川。

集邮小知识

邮票镊子

人手上常有汗渍或有不洁之物，容易污损票面。因此在整理和鉴别邮品时一定要用镊子。镊子通常由不锈钢或其他碳钢镀镍（或镀金）制成，按形状分主要有扁尖型、扁圆型、扁方型等。镊子表面需光洁平整，材料要耐腐蚀，镊身应弹性均匀且手感好。在夹取邮品时，如邮品面积较小，应选用顶部细窄的镊子，以利于赏鉴;对于面积较大的邮品，则宜选用顶部稍宽的镊子，以防邮品折损。镊子的头部要保持清洁，勿用手触摸，以防腐蚀；使用后应及时用干洁的布或软纸擦净，再放入纸袋或专用护套中，以防潮、防灰。

绿绒蒿（T）

发行日期：2004. 9. 16

4-1

4-2

4-3

4-4

（2004-18）

4-1长叶绿绒蒿	80分	1 100万枚
4-2总状绿绒蒿	80分	1 050万枚

4-3红花绿绒蒿	80分	1 050万枚
4-4全缘绿绒蒿	2.00元	980万枚

邮票规格：30 mm × 40 mm

齿孔度数：13.5 × 13度

整张枚数：12枚（版式1），8枚（版式2）

版　别：影写版

设计者：曾孝濂、许彦博

印刷厂：北京邮票厂

全套面值：4.40元

知识百花园

绿绒蒿为罂粟科、绿绒蒿属，被欧洲人推崇为“世界名花”，因全株披有一层长绒毛或刚毛而得名。全世界共有49种，主产于亚洲中南部，以我国最为丰富，有40种分布于藏、滇、川、青、甘、陕等省、区。其中仅云南就占17种，多集中分布于滇西北海拔3 000～5 000米的雪山草甸、高山灌丛中。绿绒蒿主要在夏末开

红花绿绒蒿

长叶绿绒蒿

花，花期为6至9月份，花色有蓝、紫、黄、红等，偶见白色，花瓣光泽明媚独犹如丝绸。有些种类还可以入药治病。

邮票解析

图4-1【长叶绿绒蒿】一年生草本，株高10～25厘米，花色艳丽，供观赏，适于栽培。

图4-2【总状绿绒蒿】又称“红毛洋参”，为中国特有植物。花生于茎上部叶腋，在顶端如总状花序，根可入药，治疗气虚、浮肿、哮喘等症。

图4-3【红花绿绒蒿】一年生草本，株高30～75厘米。花葶10～16条，花单生花葶顶端，花瓣深红色。为国家Ⅱ级保护植物。

图4-4【全缘绿绒蒿】一年生草本，高60～100厘米，叶全缘。花通常1朵生茎端，3至4朵或更多生于茎上部叶腋，花黄色，有白花类型，全草可入药，具有清热解毒的功效。

全缘绿绒蒿

总状绿绒蒿

玉兰花（T）

发行日期：2005. 3. 5

4-1　4-2　4-3　4-4

（2005-5）

4-1玉兰	80分	1 300万枚
4-2山玉兰	80分	1 200万枚
4-3荷花玉兰	80分	1 200万枚
4-4紫玉兰	80分	1 000万枚

邮票规格：40 mm × 30 mm

齿孔度数：13×13.5度

整张枚数：8枚

版　别：影写版

设计者：龚文桢

印刷厂：北京邮票厂

全套面值：3.20元

知识百花园

玉兰花为木兰科木兰属植物，木兰科是现存被子植物中最原始的一个科。春风吹拂，洁白如玉的玉兰花开，花大、艳丽芳香，被誉为“春天的花王”，是我国传统的花卉。

邮票解析

图4-1【玉兰】又名木兰、白玉兰、迎春花等，落叶乔木，树高一般8米以

白玉兰

上，最高可达25米，花先于叶开放，花期为2～3月份。在南方温暖地带、土壤肥沃条件下，7～8月份还可开第二次花。为优良庭园树种。

广玉兰

图4-2【山玉兰】又名优昙花、野厚朴，常绿大花乔木，高达15米，花杯状，花期为4～8月份。有夜开昼合的习性，故名优昙花。

图4-3【荷花玉兰】又名广玉兰，常绿乔木，高10～20米。花大白色，状如荷花，故称荷花玉兰。其木材优质，可供装饰用，其叶、幼枝和花可提取高级芳香油。

图4-4【紫玉兰】又名辛夷，落叶小乔木或灌木，高达3米。花叶同时开放，外面紫色，故称紫玉兰，内面带白色，花期为3～4月份。为优良园林树种。其花蕾晒干后称辛夷，为中药药材。

紫玉兰

孑遗植物（T）

发行日期：2006. 3. 12

4-1

4-2

4-3

4-4

（2006-5）

4-1银杏	80分	813.30万枚
4-2水松	80分	802.10万枚
4-3珙桐	80分	786.10万枚
4-4鹅掌楸	80分	786.10万枚

邮票规格：30 mm × 50 mm

齿孔度数：12 × 12.5度

整张枚数：16枚

版　别：胶印

设计者：曾孝濂

印刷厂：辽宁省沈阳邮电印刷厂

全套枚数：4枚

全套面值：3.20元

银杏

知识百花园

地球上某种植物的其他同科同属（近缘类群），因地质、气候等变化以及内在基因不适应的原因多已灭绝，而幸存的某种植物保留了与化石中发现的、已灭绝的同科同属植物共同远古祖先的原始特征，这就是孑遗植物，也称“活化石植物”。

邮票解析

图4-1【银杏】又名白果，属裸子植物银杏科，落叶大乔木，高可达40米，胸径4米。从栽种到结实要20～30年，有“公孙树”之称。银杏全身是宝，有极高的经济和药用价值。

银杏

银杏

图4-2【水松】属裸子植物杉科，半常绿乔木，高10～25米，生长于湿润的环境，因常靠近水边生长，故名水松。水松为优质木材，可作固堤及庭园树种。

水松

图4-3【珙桐】又名鸽子树，属珙桐科珙桐属，落叶乔木，高可达20米，胸径达70厘米。国家一级重点保护植物，花形似鸽子展翅，盛花时犹如满树群鸽栖息，有“绿色熊猫”和“中国鸽子树”之美誉，是闻名于世的观赏树种。

珙桐

珙桐

珙桐

图4-4【鹅掌楸】又名马褂木、鸭脚掌，属木兰科，落叶大乔木，高达40米，胸径达1米。叶形似鹅掌，又如马褂，花似郁金香，是珍贵的庭园观赏树种，国家二级保护植物，有“中国的郁金香树”之称。

鹅掌楸

集邮小知识

邮票发行的首尾

系列邮票中的首套，因发行时间相对要早，发行数量也相对较少，而后续收集者只会越来越多，从而加速了其升值。如J1“万国邮联”和T1“体操”作为JT票的龙头，其升值幅度相当惊人，比照目前的牌价，升幅为面值的数百倍。升值冠军T46“猴年”邮票作为生肖票的龙头，其售价已达面值8分的几万倍；而属中期票的T100“峨眉风光”、T16“敦煌”一组、T123“水浒”一组、T131“三国”一组和T130“泰山”，分别作为各自的龙头，也有几十倍不等的升值；而某些系列的关门票其升值效应就是龙尾效应，如1995年的“桂花”和“嵩山”，1996年的“敦煌”六组、1997年的“水浒”五组等。但龙尾效应远不如龙头效应突出。要注重收集具有龙头、龙尾效应的邮票。